JANET LANSBURY

Cum să educăm copiii mici cu respect și blândețe

EDUCAȚIE CU BLÂNDEȚE

12

Janet Lansbury

Cum să educăm copiii mici cu respect și blândețe

Traducere de
CARMEN SCARLET

UNIVERS

Coordonator colecţie Ioana Chicet-Macoveiciuc
Redactare Ona Frantz
Corectură Silvia Mirea
Ilustraţie copertă Roxana Soare
Tehnoredactare Constantin Niţă

Descrierea CIP se găseşte pe site-ul Bibliotecii Naţionale a României

JANET LANSBURY
ELEVATING CHILD CARE: A GUIDE TO RESPECTFUL PARENTING

www.editurauniverse.ro

ISBN 978-973-34-1177-2

INTRODUCERE

Cum să-ți descoperi pasiunea pentru a fi părinte

Să fii părinte este una dintre experiențele care-ți aduc cea mai mare împlinire în viață. Poate fi, de asemenea, și ceva epuizant, frustrant și absolut năucitor.

Dificultățile cu care m-am confruntat ca proaspătă mamă m-au luat pe nepregătite. De când mă știu am fost nerăbdătoare să devin mamă și presupuneam că voi ști instinctiv cum să-mi îngrijesc bebelușul. În realitate, mi-am dat repede seama că n-am nici cea mai vagă idee despre asta.

Bebelușul meu era adorabil, și cu toate acestea nu mă mai simțisem niciodată în viața mea atât de obosită, pierdută, incapabilă și dezamăgită de mine însămi. Presupunerea că instinctele mele materne îmi vor oferi luciditate și mă vor ghida nu s-a concretizat niciodată. Viața mea devenise o succesiune monotonă de hrănit, eructat, schimbat scutece, distrat bebelușul și alinat plânsete nesfârșite (multe, multe plânsete, cele mai multe dintre ele ale fiicei mele). Deși am scotocit cu disperare prin teancuri întregi de cărți de parenting apreciate, n-am găsit nimic în care să mă regăsesc.

Tocmai când ajunsesem la capătul răbdării, am dat printr-o întâmplare fericită peste RIE (Resources for Infant Educarers[1]), abordarea bazată pe respect în privința creșterii copiilor, ale cărei baze au fost puse de Magda Gerber, specialistă în îngrijirea bebelușilor și pionieră în domeniul îngrijirii copiilor. Mi-am dat seama imediat că această abordare chiar are noimă și m-am agățat de ea așa cum se agață de colacul de salvare un om pe cale să se înece.

În scurt timp am simțit o transformare radicală atât în privința percepției, cât și a experienței: în primul rând, am descoperit uluitoarele capacități naturale ale bebelușului meu de a învăța *fără* să fie învățat, de a-și dezvolta deprinderi cognitive și motrice, de a comunica, de a face față provocărilor specifice vârstei, de a iniția și dirija perioade prelungite de joacă independentă și multe altele; și apoi mi-am dat seama câtă energie irosisem și cât stres acumulasem luptându-mă să-mi distrez copilul și să-i anticipez reacțiile.

De-a lungul anilor, Magda mi-a devenit prietenă dragă și mentor, iar filosofia ei în privința îngrijirii copiilor mi-a devenit pasiune. La rândul meu, am devenit profesoară de parenting RIE, lector la conferințele Early Childhood[2], bloggeriță activă cu milioane de cititori în toată lumea, consultant personal în parenting și autoare.

Această carte reunește 30 dintre cele mai populare și mai citite articole de pe website-ul meu. Ele se concentrează asupra unora dintre cele mai obișnuite aspecte ale îngrijirii bebelușilor și copiilor mici și asupra felului în care se poate aplica parentingul bazat pe respect.

---

[1] Resurse pentru educatorii și persoanele care au în grijă copiii mici (n. tr.).
[2] Copilăria timpurie (n. tr.).

Veţi întâlni numele Magdei sau câte un citat care-i aparţine aproape pe fiecare pagină din această carte. Toate lucrurile pe care le ştiu şi despre care scriu izvorăsc din înţelepciunea ei şi din propria mea experienţă cu sutele de bebeluşi şi copii mici care au venit împreună cu părinţii la cursurile mele şi cu propriii mei copii (acum în vârstă de 21, 17 şi 12 ani).

Abordarea RIE faţă de parenting poate fi rezumată ca o *conştientizare* a perspectivei bebeluşului nostru. Percepem şi recunoaştem faptul că bebeluşii noştri sunt persoane unice, distincte. Ne întărim această convingere observându-i – oferindu-le puţinul spaţiu de care au nevoie ca să ne arate cine sunt şi de ce au nevoie.

Abordarea RIE faţă de parenting ne face să fim mai conştienţi şi faţă de noi înşine. Prin observaţiile noastre atente, învăţăm să nu mai tragem concluzii pripite; de exemplu, că bebeluşii noştri sunt plictisiţi, sau că le este frig, sau foame, sau că vor să ţină în mână jucăria pe care par s-o zărească în celălalt capăt al camerei.

Învăţăm să nu presupunem că, dacă mârâie sau se agită, asta înseamnă că bebeluşii vor să fie rezemaţi ca să stea în şezut, să fie luaţi în braţe sau plimbaţi, ori legănaţi ca să adoarmă. Recunoaştem că, la fel ca noi, bebeluşii au uneori emoţii pe care vor să le împărtăşească şi că le vor face faţă în felul lor, cu sprijinul nostru.

Învăţăm să facem diferenţa între semnalele de la copiii noştri şi propriile noastre proiecţii. Devenim mai conştienţi de obişnuinţele pe care le creăm (cum ar fi să rezemăm bebeluşii ca să stea în şezut sau să-i legănăm uşor ca să adoarmă), obişnuinţe care pot deveni apoi nevoile copilului nostru. Acestea sunt nişte nevoi create în mod artificial mai degrabă decât nişte nevoi organice.

Pe scurt, parentingul din perspectiva RIE ne cere să ne folosim atât mintea, cât şi instinctul, să privim şi să ascultăm cu mare atenţie înainte de a reacţiona.

Observaţia atentă ne demonstrează că bebeluşii noştri sunt indivizi competenţi, care au propriile lor gânduri, dorinţe şi nevoi. Odată ce descoperim acest adevăr, nu mai există cale de întoarcere. Atunci, întocmai ca şi Alison Gopnik, care se numără printre numeroşii psihologi din prima linie a unui nou val de cercetări legate de creierul nou-născuţilor, ne-am putea întreba: *„De ce ne-am înşelat în privinţa bebeluşilor atât de tare şi atât de mult timp?"*

Observatori experimentaţi precum Magda Gerber *nu* s-au înşelat. Acum mai bine de şaizeci de ani, ea şi mentorul ei, pediatra Emmi Pikler, ştiau deja ceea ce demonstrează acum, în cele din urmă, cercetările lui Gopnik: bebeluşii se nasc cu abilităţi de învăţare fenomenale, cu talente unice, cu gânduri şi emoţii profunde. Pikler şi Gerber au respins ideea de a-i privi pe bebeluşi ca pe nişte „ghemotoace drăgălaşe" şi i-au perceput ca pe nişte persoane în toată puterea cuvântului, care merită respectul nostru.

Probabil că abordarea RIE a Magdei poate fi descrisă cel mai bine ca fiind punerea în practică a respectului faţă de bebeluşi. Iată cum:

1. Comunicăm autentic. Vorbim cu vocile noastre adevărate (deşi un pic mai lent cu bebeluşii şi copiii mici), folosim cuvinte adevărate şi vorbim despre lucruri adevărate, mai ales despre lucruri care au o legătură directă cu bebeluşii noştri şi despre lucruri care se întâmplă *acum*.

2. Încurajăm bebelușii să-și dezvolte deprinderile de comunicare punându-le întrebări, oferindu-le suficient timp să răspundă, reacționând întotdeauna la comunicarea lor.

3. Invităm bebelușii să participe activ în momentele în care primesc îngrijiri cum ar fi schimbatul scutecului, baia, mesele și ritualurile de dinainte de culcare și le acordăm întreaga noastră atenție pe parcursul acestor activități. Această implicare a lor și atenția concentrată pe care le-o acordăm ne întăresc relația părinte-copil, oferindu-le copiilor sentimentul de siguranță de care au nevoie pentru a se detașa de noi și a începe o joacă autodirijată.

4. Încurajăm joaca neîntreruptă, autodirijată, oferindu-le chiar și celor mai mici bebeluși ocazii să se joace în voie, observându-i cu atenție în așa fel încât să nu-i întrerupem inutil și având încredere că opțiunile de joacă pe care le au la dispoziție copiii noștri sunt *suficiente*. Perfecte, de fapt.

5. Le permitem copiilor să-și dezvolte deprinderi motrice și cognitive în mod firesc, în funcție de ritmul lor natural, oferindu-le ocazii să se joace și să se miște în voie într-un mediu plin de posibilități, în loc să-i învățăm, să-i restricționăm sau să intervenim altcumva în desfășurarea acestor procese organice. Rolul nostru în dezvoltare este înainte de toate *încrederea*.

6. Punem preț pe motivația intrinsecă și pe vocea interioară, așa că le apreciem efortul și avem grijă să nu-i lăudăm prea tare. Avem încredere că se cunosc mai bine decât îi cunoaștem noi, așa că le permitem copiilor să conducă atunci când se joacă și alegem activități care să-i ajute să se dezvolte în loc să ne proiectăm propriile interese.

7. Încurajăm copiii să-și exprime emoțiile acceptându-le deschis și validându-le.

8. Recunoaştem nevoia copiilor de a avea parte de limite clare şi de lideri care au încredere în sine şi sunt empatici şi conştientizăm că ei nu au nevoie să fie făcuţi de ruşine, să li se distragă atenţia, să fie pedepsiţi sau trimişi în camera lor.

9. Ne lăsăm copiii să rezolve probleme, să experimenteze conflictele vârstei şi să înveţe din ele cu sprijinul nostru.

10. Înţelegem puterea exemplului nostru pentru copii şi recunoaştem că ei învaţă de la noi prin fiecare cuvânt sau faptă de-a noastră despre dragoste, relaţii, empatie, generozitate, recunoştinţă, răbdare, toleranţă, bunătate, sinceritate şi respect. În cel mai profund sens, ei învaţă despre ei înşişi, despre capacităţile lor, despre valoarea lor şi despre locul lor în inimile noastre şi în lume.

Cea mai mare recunoştinţă le-o port Magdei Gerber şi abordării RIE pentru relaţiile pe care le am cu propriii mei copii, bazate pe o profundă încredere şi pe respect reciproc. Respectul şi încrederea au un efect de bumerang – se întorc la tine. După cum mi-a promis Magda că se va întâmpla, am crescut copii pe care nu doar că-i ador, dar „în compania cărora ador să mă aflu".

Magda s-a stins din viaţă în 2007, trecută bine de 90 de ani. Mă gândesc la ea în fiecare zi şi mă inspiră în continuare în viaţă şi în activitate. Mi-e dor de ea.

1

Ce nu poate să-ți spună copilul tău (la început)

Cu ani în urmă, am avut o revelaţie. Mi-am dat seama dintr-odată că bebeluşul meu de trei luni este o persoană în toată puterea cuvântului. Îmi luasem fetiţa cu mine la un curs de parenting RIE și mi s-a spus să o aşez pe spate pe o păturică, lângă mine. A stat acolo timp de două ore – liniştită, atentă, implicată şi independentă. Nu a scos niciun sunet, dar am simţit forţa prezenţei sale, o siguranţă de sine care şi acum, când fiica mea are 21 de ani, încă mă mai lasă cu gura căscată.

Ceea ce am remarcat pentru prima dată la acel curs de parenting nu a fost doar bebeluşul meu – ci o persoană completă, cu propria ei minte, o minte pe care-mi doream să o cunosc îndeaproape, şi cu nevoi omeneşti cu nimic diferite de ale tale sau de ale mele. Poate că alţi părinţi îşi dau seama imediat de asta, dar nu fusese şi cazul meu.

Fără acel moment de iluminare, nu ştiu când aş fi reuşit să văd dincolo de bebeluşul neajutorat şi să cunosc persoana – probabil că abia când ar fi început să meargă în picioare, să spună cuvinte inteligibile sau cel puţin să comunice cu mine arătându-mi cu mâna sau prin gesturi. Din punct de vedere intelectual, ştiam că este dezvoltată, dar nu în aşa măsură încât să mă pun în pielea ei şi s-o tratez aşa cum mi-aş dori eu să fiu tratată.

Una dintre cele mai profunde lecţii pe care le-am învăţat de când am devenit mamă – consolidată în timp ce observam cum interacţionează sute de alţi părinţi cu bebeluşii lor – este că felul în care ne privim copiii reprezintă o profeţie care tinde să devină realitate: dacă îi credem nişte fiinţe neajutorate, dependente, lipsite de apărare, comportamentul lor va confirma toate aceste convingeri.

În schimb, dacă ne vedem copiii ca pe nişte oameni capabili, inteligenţi, receptivi, pregătiţi să participe activ în viaţă, să aibă iniţiative, să perceapă și să răspundă la eforturile noastre de a comunica cu ei, atunci descoperim că ei chiar aşa sunt.

Nu sugerez că ar trebui să tratăm copiii ca pe nişte adulţi mai mici. Ei au nevoie de viaţa de bebeluși, dar merită același nivel de respect pe care-l acordăm adulţilor. Iată câteva exemple de îngrijire a bebeluşilor care reflectă felul în care îmi place mie să fiu tratată:

Spune-mi ce se întâmplă. Dacă aş suferi un atac cerebral care m-ar face să fiu la fel de dependentă ca un bebeluş – adică să nu-mi pot asigura propriile nevoi sau să nu mai pot să mă exprim –, aş vrea să fiu avertizată înainte să fiu atinsă, ridicată, hrănită, săpunită, clătită, îmbrăcată, înainte să mi se facă o injecţie etc. Mi-aş dori să ştiu tot ce se întâmplă în lumea din apropierea mea imediată, mai ales dacă ar avea legătură directă cu corpul meu. Mi-aş dori să fiu invitată să particip în măsura în care aş fi capabilă (de exemplu, să mi se dea voie să ţin singură lingura în mână).

La început pare ciudat să vorbeşti cu cineva care nu-ţi răspunde, dar ne obişnuim repede cu asta. Mult mai curând decât am putea crede, bebeluşii încep să înţeleagă intenţia noastră plină de respect de a-i implica şi încep să comunice mai curând dacă noi le deschidem această uşă.

Acordă-mi atenţie. Bebeluşii au nevoie de întreaga atenţie a celor dragi, exact ca tine şi ca mine, mai ales în momente de apropiere fizică (precum alăptatul). Câteva minute de atenţie adevărată de câteva ori pe zi aduc mai multă satisfacţie decât ore întregi de simplu contact fizic. Dacă stau în maşină alături de soţul meu în timp ce el vorbeşte la telefon la nesfârşit, ajung să mă simt invizibilă – nicidecum importantă, iubită sau apreciată.

Când mă atinge cineva, mai ales când e vorba despre ceva intim (ca atunci când bebeluşul este consultat de medic, sau când i se face baie sau i se schimbă scutecul), vreau să fiu implicată în ceea ce se petrece, încurajată să fiu atentă, nu să mi se ceară să mă uit în altă parte şi să ignor ce se întâmplă.

Vreau să fiu auzită, nu doar să mi se rezolve problemele. În consilierea de cuplu se învaţă asta, şi se aplică şi la bebeluşii noştri. Vreau ca emoţiile mele să fie ascultate, nu gestionate. Te rog să nu mă iei cu „şşşt“ şi să-mi potoleşti de fiecare dată ţipetele vârându-mi ceva în gură doar ca să mă opreşti din plâns. Vreau să pot încerca să-ţi spun ce nevoie am înainte ca tu să presupui deja. Uneori vreau pur şi simplu să plâng la tine în braţe şi tu să accepţi asta. Destinde-te. E o alinare să te am aici, ascultându-mă cu calm şi încercând să mă înţelegi.

Lasă-mă să-mi creez şi să-mi iniţiez propriile activităţi. Îmi place să mă implic uneori în aventuri cu oamenii pe care-i iubesc, dar tânjesc şi să am timp să iniţiez activităţile pe care le aleg eu. Pune-mi la dispoziţie un loc liniştit şi sigur, în care să nu fiu îngrădit, ca să mă pot mişca în voie şi să nu mă întrerupi din gânduri şi din visarea cu ochii deschişi. Am nevoie de timp să-mi dau seama cum funcţionează mâinile mele minunate şi de ce există lucruri precum briza pe care o simt, dar n-o văd.

Ceea ce fac eu pare să nu fie mare lucru, dar de fapt sunt foarte ocupat. (Iar când sunt profund absorbit de ceva, te rog să nu mă întrerupi ca să-mi schimbi scutecul.)

Îmi place să ştiu că eşti prin preajmă în caz că am nevoie de tine, sau la o distanţă de la care să mă poţi auzi strigând, dar, te rog, nu mă obişnui să mă ţin după tine tot timpul, când sunt atâtea lucruri pe care aş putea să le experimentez singur.

Observă ce lucruri îmi place să fac. Lasă-mă să-ţi arăt ce persoană interesantă sunt.

Ai încredere în mine şi nu-mi ascunde adevărul. Nu trebuie să-mi zâmbeşti dacă eşti supărată. Fii sinceră cu mine. Fii tu însăţi, ca să pot şi eu să fiu eu însumi. Avem multe de învăţat fiecare despre celălalt. Nu vom avea întotdeauna o relaţie perfectă, dar va fi una adevărată. Iar atunci când îţi vei face griji în legătură cu viitorul, eu am să te trag înapoi în prezent. Promit.

2

Cum să creezi conexiunea cu copilul tău

Am un interes profund față de fiecare aspect al îngrijirii copiilor, dar sfatul pe care îl împărtășesc se concentrează asupra unui obiectiv esențial: Să clădim relații sănătoase cu copiii noștri.

Multe depind de asta. Calitatea relației noastre va dicta dacă ne va fi ușor și vom avea succes în a-i învăța pe copiii noștri cum să se comporte adecvat sau dacă va fi un proces derutant, descurajant și ineficient. Calitatea relației noastre va decide dacă se simt în siguranță copiii noștri și dacă-și păstrează acea percepție de sine solidă și încrederea care-i ajută să-și concretizeze potențialul. Și, poate și mai important: relația noastră va rămâne pentru totdeauna întipărită în psihicul copilului nostru ca model de iubire și ca ideal pe care-l va urmări pentru viitoarele lui legături apropiate.

În special în primii ani, care sunt cei mai impresionabili, fiecare interacțiune pe care o avem cu copiii noștri este o ocazie de a ne aprofunda relația... sau nu. Uneori, o ocazie ratată de a ne conecta este doar o ocazie minoră irosită. În alte cazuri, faptul că nu reușim să ne conectăm creează distanță, slăbeşte încrederea şi poate fi chiar dificil de gestionat pentru copiii noştri.

Să ne conectăm înseamnă deseori să ne reprimăm instinctele şi impulsurile emoţionale şi să gândim înainte de a acţiona. Iată câteva exemple frecvent întâlnite:

Nu vrem să auzim plânsete. Poate fi extrem de dificil să ascultăm şi să acceptăm manifestările emoţionale ale copiilor noştri, dar este esenţial să facem asta dacă vrem să creştem copii sănătoşi, care să se simtă conectaţi cu noi.

Ne deconectăm de ei atunci când le bagatelizăm emoţiile („Ei, nu-ţi fie frică, e doar un căţeluş"), sau le invalidăm („Nu te-a durut chiar aşa tare" sau „Astea nu sunt lacrimi adevărate"), sau îi grăbim să treacă peste emoţii („Haide, haide, e de-ajuns"), sau când interpretăm greşit plânsul bebeluşului sau al copilului nostru mic şi încercăm să-l liniştim înainte de a-l asculta şi a-l înţelege.

Din moment ce emoţiile sunt involuntare (şi, chiar dacă par forţate, cine suntem noi să stabilim asta?), aceste reacţii deconectate le arată copiilor că nu sunt acceptaţi în întregime de cei dragi, că nu pot avea încredere în ei înşişi sau în emoţiile lor.

Secretul conectării este să acceptăm copiii aşa cum sunt în momentul respectiv. Să ascultăm cu răbdare şi să le validăm reacţiile. Nu avem cum să greşim sau să sărim calul atunci când spunem: „Trebuie să plecăm. Ah, asta te supără foarte tare! Am spus că trebuie să plecăm când tu îţi doreai foarte, foarte mult să mai stăm. Te distrai aşa de bine!"

Nu vrem să fim personajul negativ. Distragerea atenţiei este la polul opus conectării, şi totuşi mi se întâmplă des să aud că este recomandată ca instrument acceptabil de „redirecționare“ pentru bebeluși și copiii mici.

Distragerea atenției nu-i învață pe copii să se comporte adecvat. Îi învață în schimb că nu sunt vrednici de o comunicare sinceră în primii și cei mai importanți ani din formarea lor. Așa că distragerea atenției, alături de alte metode de manipulare și control, precum mita, păcălelile și (cele care deconectează cel mai grav) pedepsele, amenință relația de încredere necesară unei legături apropiate părinte-copil.

Copiii au nevoie de reacții simple, sincere, empatice, dar directe, mai ales atunci când testează limitele și învață despre ele. Părintele care tratează situațiile cu sinceritate, validând punctul de vedere și posibila (mai degrabă probabila) nemulțumire a copilului, ar putea să-și facă griji că va apărea drept personajul negativ, dar asta înseamnă de fapt că va fi personajul „de încredere“, autentic, persoana curajoasă față de care copilul se simte cel mai apropiat și alături de care se simte cel mai în siguranță.

Ne implicăm în ceea ce se joacă sau învață copilul nostru.

> *„Nu-i așa că viața ar fi mai ușoară atât pentru părinți, cât și pentru bebeluși, dacă părinții ar fi dispuși să observe, să se relaxeze și să se bucure de ceea ce face copilul lor, în loc să-l tot învețe lucruri de care încă nu este capabil?“*
>
> – Magda Gerber

Dacă ai încredere în copilul tău, dacă apreciezi ceea ce face *în acest moment*, asta vă va apropia și-i va transmite mesaje pozitive de acceptare și apreciere.

Din nou, cheia este să acceptăm copiii aşa cum sunt în momentul respectiv. Felul în care aleg copiii să se joace şi să înveţe este de obicei mai mult decât suficient – este exact lucrul pe care ar trebui să-l facă în acel moment anume.

Petrecerea de ziua fiului meu de acum câţiva ani a reprezentat o ocazie care mi-a demonstrat încă o dată cât de important este uneori să abandonăm planul iniţial şi să preţuim ceea ce ne oferă *momentul*. Ne petrecuserăm după-amiaza decorând casa cu pânze de păianjen, fantome și alte lucruri înspăimântătoare, după cum ne ceruse fiul nostru, şi un prieten apropiat, dragul naş al fiului nostru, preluase îndatoririle de DJ.

Eram cu toţii pregătiţi pentru o petrecere în casă, dar fiul nostru şi prietenii lui aveau alt plan. Au luat beţişoarele luminoase pe care le oferiserăm ca surprize invitaţilor şi și-au petrecut toată seara aruncându-le plini de entuziasm de la unii la alţii sub lumina lunii – un joc pe care l-au inventat ei și l-au numit „Războiul curcubeului".

Pentru altă familie, asta ar fi fost o dezamăgire, dar pe noi ne-a amuzat şi ne-a încântat grozav să vedem cât de bine se distrează copiii. De atunci sărbătorim împreună acest succes.

Ne pierdem răbdarea când avem de-a face cu un comportament exagerat, teatral, deloc rezonabil. Copiii mici par uneori să aibă reacţii, emoţii şi comportamente complet deplasate. Pot părea lacomi, egoiști, hipersensibili, plângăcioși, lăudăroşi şi lista poate continua. De parcă ar da în mod inconștient probe pentru comportamente enervante, doar ca să ne testeze reacţia. Vom fi toleranţi, înţelegători, îi vom susţine? Da, ei au nevoie să facem asta pentru ei.

O admir foarte mult pe una dintre mamele cu care lucrez pentru că-şi dă seama că are nevoie de ajutor în acest sens. Are tendinţa (transmisă de la părinţii ei) să nu ţină cont de punctul de vedere al fiicei sale. Simte cum „ajunge în acel punct" aproape împotriva propriei voinţe. De exemplu, dacă fiica ei se plânge că alt copil a dat peste ea şi mama ei vede că, fără îndoială, nu este nimic grav, ea ar putea spune, din reflex, „Ei, hai, nu a vrut. Nu-i nimic".

O încurajez să încerce să se oprească înainte de a face asta şi să-şi ia fiica aşa cum este în acel moment, acceptându-i perspectiva. „Ah, te-a durut? Îmi pare rău. Tu şi Peter v-aţi ciocnit? Au!" Ajustări subtile precum acestea fac diferenţa între conectare şi invalidare.

Vrem să scăpăm mai repede de îndatoririle legate de îngrijire. Schimbatul scutecelor, hrănitul, baia şi mersul la culcare sunt ocazii importante de a încetini ritmul şi de a ne conecta. Facem asta acordându-le copiilor atenţie şi invitându-i să participe, chiar şi atunci când treaba nu merge prea bine – mai ales atunci când nu merge prea bine. Aceste activităţi sunt momente extrem de potrivite pentru genul de intimitate care nu doar că ne aprofundează legătura, ci ne şi reîncarcă bateriile – trupeşte şi sufleteşte.

Sunt întrebată adesea: „Cum pot să-i acord atenţie bebeluşului, când trebuie hrănit şi ziua şi noaptea?" Sau: „Dar copilaşul meu nu suportă să i se schimbe scutecul. Trebuie să-i distrag atenţia şi să termin cât mai repede". În mod ironic, acestea sunt rezultate obişnuite ale deconectării. Bebeluşii se trezesc mai puţin noaptea ca să fie hrăniţi şi stau mai liniştiţi când li se schimbă scutecele, dacă le acordăm întreaga noastră atenţie în timpul acestor activităţi.

„Atunci când vă pasă de un lucru pe care îl faceți, acordați-i întreaga voastră atenție. Dacă stați cu ei tot timpul, dar le acordați doar jumătate de atenție, asta nu înseamnă niciodată întreaga voastră atenție. Atunci bebelușii vor fi tot timpul pe jumătate avizi de atenție."

– Magda Gerber

Ezităm să ne exprimăm iubirea, aprecierea, recunoștința sau scuzele, deoarece copilul nostru nu pare să asculte. Fie că avem bebeluși, copii mici, adolescenți sau copii de orice vârstă, atunci când vorbim despre emoții care ne conectează, ei ascultă.

Una dintre grupele mele de consiliere RIE pentru părinți și bebeluși s-a întrunit de curând pentru ultima oară, ocazie cu care mi-am luat bun-rămas de la familii alături de care am stat pe podea timp de aproape doi ani. Am început să-i mărturisesc lui Maren, în vârstă de doi ani – puternică, dulce și uneori năbădăioasă –, cât de multă plăcere mi-a făcut să o privesc crescând și jucându-se. A plecat de lângă mine. Eu am continuat. În momentul în care am terminat, s-a întors și m-a surprins cu cea mai tandră îmbrățișare și cel mai dulce sărut.

3

Cheia către inima copilului tău

Scrie-ți cuvântul acesta pe mână: **Recunoaşte.**

E o modalitate magică de a te conecta cu un copil de orice vârstă. Recunoaşte-i copilului tău emoțiile și dorințele, chiar dacă par ridicole, iraționale, egoiste sau greșite. Așa s-ar putea să-i potolești lacrimile și accesele de furie și chiar să i le previi. Este un lucru simplu, dar surprinzător de greu de realizat, mai ales sub impulsul momentului.

A recunoaște acțiunile copilului nu înseamnă a fi de acord cu ele sau a le tolera; înseamnă a valida emoțiile din spatele lor. Este un mod simplu și profund de a reflecta experiența și sinele copilului tău. Dovedește înțelegerea și bunăvoința noastră. Transmite un mesaj puternic, pozitiv: Fiecare gând, dorință, emoție – fiecare exprimare a minții, trupului și inimii noastre – este perfect acceptabilă și normală.

A recunoaște este simplu, dar nu este niciodată ușor. Este ceva paradoxal pentru cei mai mulți dintre noi, chiar dacă am făcut asta de mii de ori.

Recunoașterea dorințelor copilului nostru nu va înrăutăți și mai mult lucrurile? Dacă-i spunem „Știu cât de mult îţi doreşti un cornet de îngheţată aşa cum are şi prietenul tău, şi chiar arată delicios, dar noi vom lua desertul mai târziu", nu-l vom face pe micuţul nostru să se gândească şi mai mult la îngheţată, să plângă şi mai tare? N-ar fi mai bine să ignorăm sau să minimalizăm emoţiile copilului, să-i distragem sau să-i redirecţionăm atenţia, sau să-i spunem „Scumpule, nu acum"?

Temerile noastre în legătură cu recunoaşterea sinceră a situaţiei sunt aproape de fiecare dată nefondate. Faptul că se simt ascultaţi şi înţeleşi le permite copiilor să-şi descătuşeze emoţiile, să le depăşească şi să meargă mai departe.

Iată şi alte motive pentru care a recunoaşte adevărul copilului tău merită efortul conştient pe care-l necesită:

Recunoaşterea poate opri lacrimile şi accesele de furie. Am fost martoră la asta de foarte multe ori. Fie că un copil este necăjit din cauza unei accidentări sau a unei neînţelegeri cu un alt copil, fie că este furios din cauza unui conflict cu un părinte, faptul că recunoşti faţă de copil ceea ce s-a întâmplat sau recunoşti că este rănit, frustrat sau furios poate să amelioreze în mod miraculos durerea. Să te simţi înţeles este un lucru extraordinar.

Dacă recunoşti, în loc să judeci sau să „remediezi", îi stimulezi copilului încrederea şi-l încurajezi să-ţi împărtăşească emoţiile. Părinţii şi adulţii care au copii în grijă au o influenţă uriaşă, iar reacţiile lor au impact asupra copiilor mici. Dacă, de exemplu, încercăm să-i liniştim pe copii spunându-le că nu este cazul să fie necăjiţi sau îngrijoraţi în legătură cu ceva ce-i preocupă, aceştia ar putea deveni mai puţin dispuşi să-şi exprime emoţiile. Dacă avem drept obiectiv sănătatea emoţională a copilului nostru şi păstrarea unei porţi deschise pentru comunicare, atunci cea mai bună strategie este recunoaşterea. „Tati a plecat şi eşti necăjit."

Am avut ocazia să-mi amintesc acest lucru de curând, atunci când una dintre fiicele mele adolescente mi-a împărtăşit furia şi suferinţa ei provocate de minciunile şi trădarea unei fete care era de mult timp prietena ei cea mai bună. Cât de greu mi-a fost să nu-i spun că această prietenă are lipsuri şi că fiica mea merită mult mai mult de-atât! Cât de greu mi-a fost să nu fac altceva decât să ascult şi să-i recunosc suferinţa şi dezamăgirea!

Oricât de dureroasă a fost pentru mine această experienţă, o preţuiesc pentru că fiica mea mi-a încredinţat cele mai profunde trăiri ale ei. Voi face tot ce-mi stă în putere s-o încurajez să-mi împărtăşească şi altă dată ceea ce simte. (Până la urmă, după ce a luat act de defectele prietenei pe care o adora de atâta vreme, fiica mea a reluat relaţia cu ea, iar eu am fost foarte bucuroasă că mi-am ţinut gura.)

Recunoaşterea cultivă inteligenţa emoţională a unui copil şi încurajează dezvoltarea limbajului. Copiii îşi înţeleg mai clar emoţiile şi dorinţele atunci când le reflectăm verbal. *Dar nu formula în cuvinte emoţia decât dacă eşti sigur.* Este mai precaut să foloseşti cuvinte precum „necăjit" sau „deranjat" decât să sari direct la „speriat", „furios" etc.

Când ai îndoieli, ai putea să întrebi: „Te-a enervat faptul că nu te-a lăsat Joey să te joci cu cuburile lui?" „Te-ai speriat când a lătrat câinele sau doar ai fost surprins?"

Să vorbim cu bebeluşii, cu copiii mici, cu copiii de toate vârstele despre aceste lucruri reale care li se întâmplă este cea mai eficientă, mai semnificativă și mai naturală cale prin care ei să deprindă limbajul.

Recunoașterea clarifică – ne ajută să înțelegem și să empatizăm. Ca să putem formula punctul de vedere al copilului nostru, trebuie să-l înțelegem mai întâi, așa că recunoașterea ne ajută să ne lămurim. Atunci când spunem „Tu vrei să jucăm în continuare acest joc distractiv, dar sunt prea obosit“, suntem încurajați să empatizăm cu punctul de vedere al copilului nostru (și el cu al nostru).

Recunoașterea situației și adresarea unor întrebări (mai ales atunci când nu știm din ce motiv este necăjit copilul nostru) ne pot ajuta să descoperim misterul. „Ești necăjit și parcă te deranjează ceva. Abia ai mâncat, ai scutecul curat. Poate că simți nevoia să scoți aerul din burtică? Bine, am să te ridic în brațe.“

Recunoașterea dificultăților ar putea reprezenta pentru copilul tău o încurajare suficientă ca să continue. Iată o altă situație în care o simplă recunoaștere poate să facă minuni. În loc să-i spui „Hai, că poți“, ceea ce poate crea presiune și-l poate face pe copil să creadă că ne dezamăgește, încearcă să-i spui: „Te străduiești din răsputeri și faci progrese. Este foarte greu să reușești. E frustrant, nu-i așa?“

Recunoașterea în locul laudelor îi ajută pe copii să-și asculte vocea interioară. Asta nu înseamnă decât să ne reprimăm impulsul de a ovaționa zgomotos sau de a spune „Bravo!“ și în loc de asta să zâmbim și să remarcăm: „Ai desfăcut mărgelele din plastic! A fost foarte greu“.

„Lasă bucuria interioară a copilului tău să fie o motivație în sine. Poți să zâmbești și să-ți exprimi adevăratele trăiri, dar ar trebui să te abții de la a face prea multe complimente, de la a aplauda și a face mare caz. Dacă faci asta, copilul tău începe să caute satisfacția în surse externe. Poate deveni dependent de laudă, se poate transforma într-un actor care-și dorește aplauze, nu într-un explorator. De asemenea, laudele perturbă și întrerup procesul învățării pentru un copil. Acesta se oprește din ceea ce face și se concentrează pe tine, uneori fără să se mai întoarcă la activitatea lui.“

– Magda Gerber,
Your Self-Confident Baby[1]

Recunoașterea este o dovadă că-i acordăm atenție copilului, îl face să se simtă înțeles, acceptat, foarte iubit și sprijinit. Ar putea exista vreun motiv mai bun ca să faci o încercare în acest sens?

„Oamenii vor uita ce-ai spus; oamenii vor uita ce-ai făcut; dar nu vor uita niciodată cum i-ai făcut să se simtă.“
– Maya Angelou

„Toți avem nevoie de cineva care înțelege.“
– Magda Gerber

[1] *Bebelușul tău sigur de sine* (n. tr.).

4

Cum să-ți placă la nebunie să schimbi scutece

Ați putea spune că sunt prea sensibilă, dar am văzut cândva o scenă în care unui bebeluș i se schimba scutecul și care m-a făcut să plâng. De fapt, simt că-mi dau lacrimile numai când mă gândesc la ea.

Era o scenă dintr-un film despre Institutul Pikler, foarte apreciatul orfelinat din Budapesta, Ungaria, înființat de dr. Emmi Pikler, medic pediatru și expertă în neonatologie. Obiectivul camerei se fixează pe un bebeluș de trei săptămâni, proaspăt sosit, care este întâmpinat cu un scutec nou. O auzim pe îngrijitoare vorbindu-i domol și-i vedem mișcările delicate. Subtitrarea spune: „Acum am să-ți ridic picioarele. Am să pun scutecul sub tine". Face câte o pauză după ce explică fiecare acțiune, lăsându-i bebelușului câteva momente la dispoziție să reacționeze și să anticipeze ce urmează.

După câteva minute, odată încheiată această sarcină delicată, îngrijitoarea îi spune încetișor acelei persoane micuțe și pline de încredere: „Cred c-o să-ți placă aici".

Schimbatul scutecelor este un moment de intimitate perfect. Tot ce ne trebuie ca să transformăm această operaţiune dintr-o corvoadă anevoioasă şi nesuferită într-o experienţă plină de satisfacţii de ambele părţi este să ne schimbăm percepţia - să apreciem momentul ca pe o ocazie de a dezvolta un parteneriat mai strâns cu copilul nostru.

Dacă ne amintim să încetinim ritmul, să ne implicăm bebeluşul în loc să-i distragem atenţia, să-i cerem ajutorul, să folosim „mâini îmbietoare", delicate, în locul unora pricepute şi eficiente, putem transforma literalmente o sarcină banală într-un moment de satisfacţie pentru amândoi.

Nu va fi întotdeauna uşor. Copiii mici ne pun la încercare, și exact asta este treaba lor. Un copil mic nu și-a îndeplinit misiunea dacă ne face viaţa prea uşoară.

Iată câteva idei cu ajutorul cărora să putem valorifica la maximum, împreună cu bebelușii sau copiii noştri mici, momentele în care le schimbăm scutecul:

Dă tonul cu un început plin de respect. Sunt uluită atunci când părinţii îşi opresc copilul din ceea ce făcea ca să-i desfacă pantalonii, sau îi spun „Pfiu, împuţilă! Cineva are nevoie de un scutec nou!" Abia mă abţin să nu întreb: „Ţie ţi-ar plăcea să fii tratat aşa? Dacă ai trage vânturi în public, noi am flutura din braţe, ne-am ţine de nas şi ne-am repezi la pantalonii tăi?"

Copiilor nu le place să fie întrerupţi când se joacă, şi în cele mai multe cazuri schimbatul scutecului poate fi amânat până când bebeluşul sau copilul mic ia o pauză din activitatea lui.

Aşteaptă până când copilul tău se opreşte din joacă şi atunci spune-i discret: „Acum te rog să mă laşi să-ţi verific scutecul“. Apoi: „O să schimbăm scutecul“. Dacă deja copilul tău ştie să meargă, ai putea să-i dai de ales: „Ai vrea să mergi singur la măsuţa de schimbat, sau să te duc eu în braţe?“

Dacă se împotriveşte, ai putea să-i oferi opţiunea de a amâna un pic. „Văd că încă te mai joci. În cinci minute schimbăm scutecul.“ Copiii mici îşi doresc foarte tare autonomia şi sunt mult mai dispuşi la cooperare atunci când le respectăm nevoia de a lua anumite decizii.

Acordă întreaga ta atenţie, fără niciun fel de întreruperi. Bucură-te de aceste momente împreună, şi atunci şi bebeluşul tău se va bucura. Eliberează-te de alte preocupări, ca să te concentrezi aceste câteva minute asupra copilului tău. *Încetineşte ritmul.* Chiar şi cei mai mici bebeluşi simt când suntem grăbiţi sau distraşi, iar asta-i face mai degrabă să devină încordaţi sau să se împotrivească decât să participe de bunăvoie. Atingerile noastre lente şi delicate inspiră încredere.

Dacă pare să-i distragă ceva atenţia copilului, recunoaşte şi aşteaptă. „Auzi sirena aceea zgomotoasă. Şi eu o aud. Acum pare să fi trecut. Gata, pot să-ţi desfac pijamaua?“ Sau: „Plângi. Te-am aşezat la orizontală prea repede? Vrei să te ţin un pic în braţe înainte să începem?“

Aminteşte-ţi să-i acorzi atenţie persoanei în întregime, nu doar jumătăţii de jos. Nu face nimic fără s-o anunţi mai întâi. Nu doar c-o tratăm cu respect spunându-i ce se întâmplă, ci o şi încurajăm să asimileze limbajul cu toate simţurile sale (şerveţelele reci, sunetul capselor de la pijama etc.).

Cere-i ajutorul bebeluşului tău. Te va bucura receptivitatea bebeluşului. Îţi va arăta curând că reuşeşte să-şi bage mâinile printr-o mânecă; să-şi contracte muşchii abdominali ca să te ajute să-i ridici funduleţul; să ţină în mână scutecul sau crema pentru zona scutecului.

Când am terminat de schimbat scutecul îl întrebăm: „Eşti gata să te laşi luat în braţe?“ Bebeluşul nostru va învăţa să răspundă întinzând braţele către noi. În mod surprinzător, chiar şi cei mai mici bebeluşi reacţionează când le cerem voie să-i luăm în braţe, pregătindu-şi muşchii pentru o schimbare de altitudine şi de poziţie.

Fii flexibil. Rămâi deschis către noi posibilităţi. Când capătă mobilitate, bebeluşii au nevoie ca noi să ne adaptăm nevoilor lor cât de bine putem. Poate un bebeluş îşi doreşte să se rostogolească pe burtă ca să fie şters, sau să stea în patru labe, în poziţia de mers de-a buşilea. Copilul care merge deja ar putea prefera să stea în picioare şi să fie schimbat pe un covoraş pus pe podea. Solicită-i în continuare cooperarea, dar fă şi concesii şi permite-i copilului să facă lucrurile cum îşi doreşte el, dacă te descurci şi aşa.

Gândeşte-te la noi moduri prin care copilul tău ar putea participa şi mai activ. Invită-l să se şteargă singur, să se dea singur cu cremă şi să-şi dea jos sau să-şi pună singur scutecul. Copiii de toate vârstele îşi doresc să li se încredinţeze sarcini pe care să le rezolve singuri ori de câte ori e posibil. Dacă rămâi deschis tuturor posibilităţilor, vei fi surprins de câte lucruri poate să facă bebeluşul tău.

Ţine minte, obiectivul tău este parteneriatul. Merg lucrurile ca pe roate de fiecare dată când schimbăm scutece? Nicidecum! Un copil cu ataşament sigur ne pune la încercare... deseori.

Uneori începem cu stângul, este prea obosit bebeluşul (sau noi) şi toată povestea e un dezastru. Darămite să ne mai şi simţim conectaţi – s-ar putea nici măcar să nu ne placă prea tare de bebeluşul nostru în astfel de momente. Acestea sunt greutăţi inerente. Cel mai bine este să le acceptăm cu seninătate şi să recunoaştem faţă de copilul nostru: „Aoleu, de data asta chiar a fost greu, nu-i aşa?"

După cum explică Ruth Anne Hammond în cartea ei plină de observaţii pătrunzătoare *Respecting Babies: A New Look At Magda Gerber's RIE Approach*[1]: „Dacă [un părinte] este de obicei calm, delicat şi atent, copilul poate face faţă din punct de vedere emoţional câte unei scăpări întâmplătoare, ba chiar i-ar putea fi de folos ca să înveţe că şi părintele lui este om".

Schimbatul scutecului nu se rezumă doar la a rezolva o treabă sau la a avea un bebeluş curat. Mâinile noastre sunt calea spre cunoaşterea lumii pentru bebeluşul nostru. Dacă ele ating încetişor, blând şi mai degrabă „îmbie" copilul la cooperare decât s-o pretindă, suntem răsplătiţi cu o relaţie

[1] Cum să respectăm bebeluşii: O nouă perspectivă asupra abordării RIE a Magdei Gerber (n. tr.).

clădită pe încredere, respect şi pe conştiinţa de netăgăduit a importanţei unuia pentru celălalt.

„În general, ne dăm seama că bebeluşii sunt mulţumiţi şi bucuroşi în cel mai înalt grad când se află în braţele mamelor care îi manevrează cu o lentoare solemnă."

– dr. Emmi Pikler

5

Suferința pozitivă

Loren trebuia să iasă de la cursul de parenting ca să dea un telefon. S-a îndreptat agitată spre ușă, dar apoi s-a oprit și m-a întrebat: „Să plec, pur și simplu?“ Din moment ce-i explicase clar băiețelului ei de zece luni, Trevor, ce făcea, am încurajat-o: „Da!“ Văzând-o pe mama lui că pleacă, Trevor a început să plângă. M-am apropiat de el și i-am vorbit cu blândețe. „Mama ta a ieșit. O să se întoarcă. Tu ai fi vrut ca ea să nu plece.“

Simpla recunoaștere a punctului său de vedere l-a liniștit pe Trevor aproape instantaneu. A mai suspinat o dată sau de două ori, apoi s-a așezat răbdător, cu ochii ațintiți spre podea, și a așteptat să se întoarcă mama lui.

Situația s-a repetat la curs o săptămână mai târziu. Loren i-a spus lui Trevor: „Mă duc până la baie“ și a ieșit oarecum șovăielnic. Trevor a început să plângă. M-am dus la el și i-am spus: „N-ai vrut să plece. O să se întoarcă. E greu când mama pleacă, dar tu nu vrei asta. Vrei să te iau în brațe?“ (N-a vrut.) De data aceasta Trevor a continuat să plângă preț de un minut, care a părut interminabil. Am simțit disconfortul tuturor cursanților, inclusiv pe al meu!

În cele din urmă, după ce și-a exprimat în întregime durerea, a tăcut, a stat liniștit un moment, apoi s-a întins după o minge din apropiere.

Până să se întoarcă Loren, el era deja prins cu joaca, dar când a văzut-o a țipat la ea și a părut că-i reproșează plecarea. Ea s-a așezat lângă el și l-a lăsat să-și termine obiecțiile. În scurt timp era din nou captivat de lucrurile din jurul lui.

Nimănui nu-i face plăcere să audă plânsul unui bebeluș. Chiar și câteva secunde de plâns pot fi de nesuportat pentru majoritatea adulților. Fie că suntem părinți, bunici sau persoane plătite să aibă grijă de copii, avem senzația că dăm greș atunci când copilul aflat în grija noastră este necăjit. Vrem să-i distragem atenția unui copil care plânge, să-l facem să zâmbească, și suntem dispuși să facem aproape orice ne stă în putință ca să punem capăt acelei emoții care declanșează lacrimile copilului. Dar puneți-vă întrebarea: Atunci când pleacă de lângă noi cineva drag, nu e normal să ne simțim abandonați și triști?

Hai să spunem că ne urmăm pornirile naturale atunci când interacționăm cu Trevor. Când mama lui pleacă, Trevor plânge, noi ne repezim către el. „Nu-i nimic, nu-i nimic! Mami se întoarce! Nu plânge... șșșt, șșșt. Ah, uite mingea asta... poftim, prinde-o, prinde-o! Bravo!“

Această abordare ar putea, într-adevăr, să oprească brusc izbucnirea lui Trevor și să-l facă să nu mai plângă. Dar atunci ce ar învăța copilul? Și mai ales, unde au dispărut sentimentele acelea de abandon?

Să derulăm pe repede înainte și să ne oprim peste câțiva ani. Moare câinele cel drag al familiei lui Trevor. Părinții lui suferă enorm, iar plânsul lui Trevor nu face decât să le sporească durerea. „Trevor... Of, nu-i nimic, nu-i nimic! Nu plânge... şşşt! E-n regulă. Trebuie să fim puternici. O să luăm alt câine – un alt căţeluş!“

Moartea recentă a mamei mele mi-a reînnoit interesul faţă de procesul suferinţei. Problema, atât de competent formulată de John W. James şi Russell Friedman în *The Grief Recovery Handbook*[1], este că „Suntem învăţaţi cum să dobândim lucruri, nu ce să facem când le pierdem“. Părinţii, prietenii şi chiar societatea ne încurajează să ne ascundem suferinţa în loc să ne confruntăm cu ea în mod productiv: Să nu-ţi pară rău. Înlocuieşte ce ai pierdut. Fii puternic pentru ceilalţi. Menţine-te ocupat.

Acestea sunt câteva mostre de sugestii rostite şi nerostite pe care le primim, încă de la o vârstă fragedă, pentru a depăşi suferinţa. Ele ne cer să ne ignorăm emoţiile sincere, să ni le stăpânim, să le îngropăm. Sunt idei bine intenţionate, izvorâte din disconfortul celor din jurul nostru; nimeni nu vrea să ne vadă supăraţi. Dar aceste îndemnuri nu fac decât să ne submineze capacitatea de a ne exprima adevăratele trăiri, conducându-ne către o rezolvare incompletă a suferinţei şi a pierderii.

Oamenii care suferă îşi doresc şi au nevoie să fie auziţi, nu să li se rezolve problema. Dar ei îşi mai doresc şi aprobarea celorlalţi, şi astfel simt nevoia să dea impresia că şi-au revenit, pentru cei din jur. Emoţiile noastre suprimate şi neclarificate ne vor diminua atunci bucuria de a trăi şi ne vor secătui energia vitală. Am putea căuta alinare în droguri, alcool sau în alte manifestări de dependenţă. În cel mai bun caz, reacţionăm nefiresc în faţa pierderii şi a dezamăgirii, continuând obiceiuri care ne ameninţă fericirea şi starea de bine viitoare. De aceea este crucial să învăţăm

[1] Manualul refacerii după suferinţă (n. tr.).

cum să ne confruntăm cu pierderea încă de la formele ei cele mai simple și mai timpurii.

La RIE avem norocul să studiem sănătatea emoțională la începutul vieții, și pe când reflectam la originile suferinței în cazul unui copil, m-am gândit la bebeluși precum Trevor, care au de-a face cu absența temporară a cuiva drag. Lipsa unui părinte, chiar dacă acesta s-a dus doar până în camera alăturată, este chiar prima pierdere cu care se confruntă majoritatea copiilor. Dacă ne ocupăm cu grijă de această situație, putem îndruma copiii într-o direcție sănătoasă pentru cazurile în care se vor confrunta și cu alte pierderi în viitor.

O altă situație în care copiii se confruntă cu sentimentul de abandon de la o vârstă fragedă este apariția unui nou frățior. Relația copilului mai mare cu cei mai importanți adulți care-l au în grijă se modifică brusc și profund. Cu oricâtă delicatețe ar gestiona părinții situația, oricât de mult pare copilul să-l „iubească" pe bebeluș, există o suferință provocată de pierderea situației anterioare, a ceea ce a fost cândva. Apariția unui nou copil în familie aduce după sine o reconfigurare forțată a locului copilului în propria lui lume și un sentiment îngrozitor de abandon. Dacă un copil beneficiază de încredere și de încurajări ca să-și exprime multitudinea de emoții negative pe care poate că le simte și dacă părinții își pot folosi energia pe care o mai au ca să păstreze limitele comportamentale constant intacte, dar în același timp să permită și manifestarea unor emoții din sfera durerii, atunci copilul se poate menține pe linia unei eliberări emoționale sănătoase.

Atunci când copiii pe care-i avem în grijă suferă după o pierdere, oricât de neînsemnată ni s-ar părea nouă, datoria noastră este să facem acea pierdere mai ușoară și pur și simplu să-i lăsăm să-și plângă pierderea. Magda Gerber le amintea deseori participanților la cursurile ei: „Uneori câștigăm, alteori pierdem".

Îi putem acorda lui Trevor, ca tuturor copiilor mici, de altfel, încrederea că își va plânge pierderea într-un fel unic și perfect pentru el ca individ. Copiii mici demonstrează o exprimare autentică a emoțiilor atunci când li se oferă ocazia. Dacă le putem oferi spațiul și timpul de care au nevoie ca să-și exprime emoțiile din sfera durerii în loc să le curmăm plânsul și dacă ne ținem tari ca să ne depășim propriul disconfort, atunci copiii noștri pot sta liniștiți știind că reacțiile lor sincere sunt acceptate și adecvate.

Astfel, copiii pot continua să se confrunte cu pierderile în mod firesc, se pot deprinde să treacă peste pierderi mai ușor și pot să învețe că se poate supraviețui unei pierderi. Această abordare grijulie este vitală deoarece, atunci când o adoptăm, nu numai că nu putem da greș, ba chiar oferim, în cel mai înalt grad, grijă... și iubire.

6

Bebeluşii şi somnul

„Cuvântul «dormi» îl trezeşte chiar
şi pe cel mai somnoros bebeluş."
– Magda Gerber

Afirmaţia Magdei Gerber ar putea părea exagerată, dar studii ştiinţifice recente (ale lui Gopnik, Bloom, Spelke şi nu numai) demonstrează ceea ce Gerber a înţeles acum mai bine de jumătate de secol: bebeluşii noştri sunt extrem de isteţi şi de lucizi. Ei recunosc cuvintele repetate, înţeleg ce vrem să spunem şi dincolo de cuvinte, ne percep emoţiile şi atitudinile.

De-a lungul deceniilor în care am lucrat cu copii mici, am observat că au chiar tendinţa să se împotrivească oricărui lucru pe care-l percep ca pe un interes ascuns de-al nostru, mai ales dacă simt că încercăm să-i ducem cu zăhărelul.

Magda a recomandat să spunem „odihneşte-te" în loc de „culcă-te", în parte pentru că sună un pic mai blând, mai puţin imperativ. De asemenea, pentru mulţi dintre noi, îndemnul „culcă-te" poate avea o conotaţie vag negativă, pe care putem ajunge să le-o transmitem, fără să vrem, copiilor noştri.

Gândește-te la două dintre formulările pe care le folosim cel mai des, cum ar fi „du-te la culcare", care sună ca și cum l-am goni, și „culcă-te", care sună categoric.

Copilașii pot deveni agitați și se pot împotrivi somnului dacă atitudinea noastră față de momentul culcării este compătimitoare, cum ar fi „bietul copilaș trebuie să meargă la culcare"; când ne așteptăm să ne dea bătăi de cap: „of, of, n-o să fie deloc ușor"; sau chiar când simt că nu avem răbdare: „ești obosit, așa că grăbește-te și culcă-te odată!" Asemenea atitudini îi îngreunează mult mai tare micuțului nostru misiunea, și anume să se relaxeze și să se deconecteze suficient de mult încât să-l cuprindă somnul.

Cel mai important lucru de știut despre somn este și cel mai important lucru de știut despre parenting în general: bebelușii sunt persoane complete, conștiente și competente. Ei ascultă, observă, asimilează, pregătiți să învețe despre noi și despre viață prin fiecare interacțiune pe care o avem, oricât de subtilă, fie că vrem ca ei să facă asta sau nu.

Păstrând acest adevăr în minte, iată câteva alte lucruri importante – chiar dacă sunt subtile – de știut despre bebeluși și somn:

Bebelușii pot ajunge ușor să fie surescitați sau extenuați. Este ușor de subestimat hipersensibilitatea copiilor foarte mici, dar nu uita: la ei încă nu sunt dezvoltate filtrele pe care le avem noi.

Imaginează-ți cum ar fi să ai butonul senzorial de volum fixat la maximum tot timpul și tu să nu poți face nimic ca să dai mai încet sau să elimini din sunete. Deși, pe de o parte, această hiperreceptivitate este cea care-i face pe bebeluși să asimileze informații într-un ritm fenomenal, tot ea îi face și să devină surescitați în medii pe care noi le-am considera acceptabile. Iar surescitarea și extenuarea pot însemna irascibilitate, văicăreli, plâns, dificultate de a adormi, dar și de a dormi neîntrerupt.

Pentru bebeluș, a fi receptiv este o sursă de entuziasm, dar și de epuizare, iar extenuarea poate apărea ușor (ca mamă, mi s-a întâmplat și mie deseori să pierd din vedere acest lucru). Le amintesc adesea părinților de la cursurile mele cât de solicitante și de obositoare pot fi cele nouăzeci de minute pe care le petrecem împreună în fiecare săptămână, deși cursurile noastre sunt relativ relaxate și liniștite. Bebelușii recepteazå spațiul din jur, receptează energia tuturor persoanelor prezente, și asta în timp ce-și dezvoltă, de asemenea, propriile deprinderi motrice, cognitive și sociale prin joacă independentă. Pentru ei, este extenuant!

Dacă-i încurajăm pe ei să închidă ochii și să tragă câte un pui de somn înseamnă că noi trebuie să ținem ochii larg deschiși, să fim conștienți de amenințarea surescitării și a oboselii și de importanța de a profita cât mai din timp de momentul în care îi ia somnul. Printre semnele timpurii ale oboselii se numără încetineala, lipsa coordonării și o înfățișare oarecum dezorientată (descriere care seamănă destul de mult cu mine la sfârșitul zilei).

Bebelușii apreciază rutina și-și dezvoltă ușor obiceiuri. Alegerile noastre ca părinți le definesc viața bebelușilor noștri; noi îi învățăm la ce să se aștepte, iar ei vor dori să facă în continuare ceea ce știu să facă (lucru firesc, având în vedere că lumea este pentru ei nouă și deseori copleșitoare). Așa că, deși rutina și preferințele legate de somn diferă de la o familie la alta, toate au tendința de a duce la formarea unor obiceiuri.

Iată un exemplu care-mi vine în minte: o fetiță cu care am lucrat se obișnuise să doarmă în timp ce mama ei o purta într-o eșarfă port-bebe. Familia ei a avut greutăți când a încercat s-o învețe să doarmă în pat, pentru că se obișnuise să adoarmă cu picioarele ridicate și, în plus, să adoarmă în timp ce era alăptată. Când părinții încercau s-o așeze în pat după ce adormea, în scurt timp se speria și se trezea pentru că simțea cum i se lasă picioarele pe pat.

Părinții au apelat în cele din urmă la un expert în somn, care le-a sugerat un nou plan: să așeze fetița în pat când încă mai este măcar un pic trează și s-o întoarcă mai întâi cu fața către pat, ca să vadă unde urmează să ajungă, înainte de a o așeza pe spate. Apoi s-o lase câteva minute să se acomodeze, ceea ce presupune (așa cum se întâmplă deseori) o repriză de plâns pentru eliberarea stresului.

Sper că nimeni dintre cei care citesc aceste rânduri nu le vor interpreta greșit ca pe o sugestie că bebelușii nu trebuie să adoarmă niciodată în timp ce sunt alăptați sau să ațipească într-un port-bebe sau la noi în brațe. Sfatul meu este să avem în vedere, pur și simplu, că alegerile noastre au un impact, deoarece condițiile pe care le creăm pot deveni obiceiuri, care apoi se pot transforma în nevoi ale bebelușului nostru. În timp ce unii bebeluși vor lăsa în urmă în mod natural aceste obiceiuri, altora li se vor părea mult mai dificile schimbările.

Dacă sunt necesare schimbări ale rutinei, comunicarea și respectul sunt imperative. Oricât de mult ar prefera lucrurile previzibile și familiare, bebelușii sunt capabili și să se adapteze la schimbările pe care le considerăm noi necesare, atâta timp cât așteptările noastre sunt adecvate din punctul de vedere al dezvoltării lor (cu alte cuvinte, n-ar trebui să ne aşteptăm din partea unor bebeluşi foarte mici să doarmă toată noaptea fără să fie hrăniţi, de exemplu).

Personal îmi displace termenul de „antrenament pentru somn", nu doar pentru că sună nefiresc şi forţat, ci şi pentru că tranziţia către obiceiuri mai sănătoase legate de somn este de fapt opusul antrenamentului – este mai degrabă un fel de *dez*-antrenament. Ne dez-antrenăm cu respect copiii pe care i-am antrenat să adoarmă legănaţi, săltaţi, purtaţi de noi într-un fel sau altul sau plimbaţi cu maşina. Ne dez-antrenăm cu respect copiii pe care i-am obişnuit să adoarmă (şi, doar în cazul câtorva, să doarmă în continuare) la sân.

Bebeluşii noştri receptivi şi competenţi se pot adapta la aceste noi condiţii cu un minimum de stres dacă stabilim o relaţie bazată pe respect şi pe încredere prin:

a) Dezvoltarea unei relaţii bazate pe comunicare: Cu cât mai curând le vorbim bebeluşilor ca şi cum ar fi capabili să ne înţeleagă, cu atât mai curând ne vom da seama că ei chiar *înţeleg*. De exemplu, în loc să luăm brusc pe sus bebeluşul, ne facem un obicei din a-l întreba: „Eşti gata să te iau în braţe?" Şi apoi aşteptăm reacţia lui, iar dacă ne indică „da", confirmăm că am înţeles: „Bine, acum o să te iau în braţe". Începem să observăm că bebeluşul nostru îşi încordează un pic corpul, aşteptând să fie luat în braţe. În cele din urmă, va întinde braţele către ale noastre.

b) Informarea simplă şi sinceră a bebeluşilor în legătură cu schimbările pe care le facem: „După baie o să te alăptez, apoi o să-ţi cânt un cântec în timp ce ne drăgălim şi o să te duc în pat ca să te odihneşti. De obicei, ne legănăm mult, mult, dar în seara asta o să ne drăgălim și apoi o să închidem ochișorii".

c) **Susținerea, acceptarea și validarea emoțiilor:** „Ești necăjit. E o situație foarte diferită, știu. Ești obișnuit să te legăn. Văd cât de necăjit ești. Îți vine greu să te liniștești, dar vei reuși în curând".

Somnul presupune detașare. Stabilirea unui ritm sănătos de somn pentru bebelușii noștri foarte ageri la minte presupune să le creăm condițiile și să adoptăm metodele care să-i ajute să se detașeze mai ușor de lumea lor fascinantă atunci când vine ora de culcare. Prezența noastră calmă îi ajută să se desprindă de stimulii, stresul, entuziasmul și de celelalte emoții pe care poate că le-au acumulat de-a lungul acelei zile (sau dimineți).

Pentru ca bebelușii noștri să se detașeze, trebuie ca și *noi* să ne detașăm, ceea ce înseamnă că vremea culcării nu este niciodată un moment potrivit să ne exprimăm îngrijorarea, frustrarea, furia sau să ne angajăm în conflicte legate de somn (ai încercat vreodată să adormi nervos sau supărat?).

O rutină previzibilă pentru momentul mersului la culcare, pe care s-o repetăm în fiecare zi, îi ajută pe bebeluși – la fel cum fac și poveștile liniștitoare, și cântecele de leagăn – să învețe să se detașeze treptat și să știe că urmează culcarea, poate chiar s-o aștepte cu nerăbdare.

„Un obicei drăguț pentru momentul culcării pe care să-l adoptăm cu copilul nostru este să recapitulăm ce s-a întâmplat pe parcursul zilei. Putem spune, de exemplu: «Astăzi am mers la plimbare și a început să plouă. Am venit acasă și am luat prânzul etc.» Ceea ce nouă ni se pare lipsit de

importanţă este important pentru un copil – ce a mâncat, pe unde a fost şi pe cine a văzut. Trecerea în revistă a zilei este o modalitate de a-i inspira siguranţă. Atunci copilul poate lua cu el şi la culcare emoţiile pozitive din timpul zilei. Îi putem spune şi ce se va întâmpla mâine. Acest lucru face legătura între trecut, prezent şi viitor şi conferă vieţii copilului o desfăşurare cursivă...“

– MAGDA GERBER, *Your Self-Confident Baby*

Zzzzzzz...

7

Aşezatul bebeluşilor în şezut: dezavantaje

Unii ar putea considera că e o adevărată sinucidere socială să spui ceva de rău în legătură cu o practică pe care probabil că 90 la sută dintre părinţi le-o aplică bebeluşilor lor. Oare merită *cu adevărat* suferinţa de a deschide subiectul?

După ce această problemă mi-a dat multe bătăi de cap, a avut câştig de cauză pasiunea mea pentru dezvoltarea naturală a abilităţilor motorii brute. Aşa că sper din tot sufletul că vei citi următoarele pagini fără prejudecăţi (sau, dacă nu, că te vei opri acum şi vei sări la alt capitol).

Eu şi soţul meu am aşezat-o în funduleţ pe prima noastră fetiţă fără să stăm deloc pe gânduri, sprijinind-o de spătarul canapelei când avea doar câteva săptămâni ca să-i facem poze în minunata ei garderobă nouă de bebeluş. Când mă uit acum la acele poze, îmi dau seama că nu e deloc o postură măgulitoare. Stă într-o rână, ţeapănă – nu pare să se simtă nici confortabil, nici fericită. Într-una dintre poze, de-a dreptul penibilă, poartă un costumaş portocaliu de prost-gust, care imită costumaţia unui bufon, şi o căciuliţă asortată, cadou de la un prieten pus pe glume (şi fără copii). Pe mutriţa încruntată a fetiţei noastre se poate citi uşor că ea n-a gustat gluma.

Până să împlinească fetiţa noastră patru luni, deja începusem cursurile RIE, unde am fost încurajată să-i dau timp din plin să se mişte în voie şi s-o las să se rostogolească de pe spate pe burtă, să pivoteze, să se târască şi în cele din urmă să descopere singură statul în şezut.

Nu voi uita niciodată prima oară când a reuşit să stea singură în fundulet. Se clătinase pe genunchi, apoi se rostogolise la loc pe o parte şi aproape reuşise de câteva ori în ultimele zile. Apoi, într-o dimineaţă, când se juca pe podea într-o cameră de hotel minusculă din Paris, am văzut-o deodată stând în şezut în faţa unei comode, surprinsă să-şi vadă reflexia în oglindă.

Infinita satisfacţie a unor realizări „care îi aparţin în întregime bebeluşului", precum aceasta, este unul dintre motivele pentru care recomand să le dăm bebeluşilor ocazia să înveţe singuri să stea în şezut şi să nu-i rezemăm sau să-i aşezăm noi. Iată şi alte motive importante:

1. Dezvoltarea naturală a abilităţilor motorii brute: Multe dintre ideile pe care le-a promovat Magda Gerber s-au bazat pe activitatea clinică a renumitei pediatre maghiare Emmi Pikler (1902-1984), care a fost prietena şi mentorul Magdei. Una dintre ideile revoluţionare cu care a contribuit dr. Pikler la domeniul îngrijirii bebeluşilor a izvorât din interesul ei sporit faţă de fiziologia dezvoltării motorii fără restricţii, fără ajutor şi fără învăţare. De-a lungul numeroşilor ani de cercetare, observaţii şi experienţă, Pikler a ajuns la concluzia că atunci când dezvoltării bebeluşului i se permite să decurgă în mod natural şi fără nicio intervenţie, există nu doar beneficii de ordin fizic, cum ar fi grația și ușurința mișcării, ci și beneficii psihologice și cognitive.

„Procesul de învățare va juca un rol major în întreaga viață ulterioară a ființei umane. Prin intermediul acestui gen de dezvoltare, bebelușul deprinde capacitatea de a face ceva în mod independent, printr-un efort combinat cu răbdare și cu perseverență. În timp ce învață pe parcursul dezvoltării motorii să se întoarcă pe burtă, să se rostogolească, să înainteze de-a bușilea, să stea în șezut, să se ridice în picioare și să meargă, el nu învață doar aceste mișcări, ci și „cum să învețe". El învață să facă ceva de unul singur, să fie interesat, să facă încercări, să experimenteze. Învață să depășească greutățile. Ajunge să cunoască bucuria și satisfacția care decurg din succesul lui, rodul răbdării și perseverenței lui."

– Dr. Emmi Pikler,
Peaceful Babies – Contented Mothers[1]

2. Îngrădirea mișcărilor: Așezarea bebelușilor în funduleț îi împiedică prematur să se rostogolească, să se răsucească, să se târască sau să facă aproape orice altceva. De obicei, când este așezat în această poziție înainte ca el însuși să poată ajunge la ea în mod independent, bebelușul nici nu și-o poate schimba fără să cadă, ceea ce nu-i inspiră siguranță sau încredere în propriul corp.

Bebelușii pe care i-am studiat în timp ce se jucau în această poziție păreau să fie țintuiți de podea, imobili de la talie în jos. În timp ce alți bebeluși își mișcă în voie membrele în timp ce stau întinși pe spate, se rostogolesc de pe spate pe burtică și încep să pivoteze, să se târască sau să meargă de-a bușilea, bebelușii care stau în șezut pot doar

[1] Bebeluși liniștiți – mame mulțumite (n. tr.).

să se încline de la mijloc ca să ajungă la obiectele care-i interesează. Dacă o jucărie se rostogolește și nu mai pot ajunge la ea, bebelușii care stau în șezut au nevoie de un adult să le-o dea înapoi.

Desigur, bebelușii au o capacitate extraordinară de a se adapta. Am văzut bebeluși care erau așezați în mod obișnuit în această poziție învățând să se rotească și în cele din urmă să se poată deplasa târându-se pe funduleț.

3. Obiceiuri: Bebelușilor le place să facă în continuare ceea ce știu (și obiceiurile pe care le creăm pentru ei le pot deveni ușor „nevoi"). Atunci când așezăm bebelușul în fund, el de obicei începe să se aștepte și chiar să-și dorească asta. Dimpotrivă, dacă nu-l așezăm astfel, bebelușul nu-și va dori să stea în această poziție.

Dacă părinții vor să revină la situația inițială și să încerce să renunțe la obiceiul de a-și așeza bebelușii în șezut, va fi probabil nevoie de o perioadă de adaptare și vor avea parte de nemulțumirea copilului, care trebuie încurajat, încetul cu încetul, să se simtă confortabil când stă culcat pe spate. Aceasta este o poziție din care dezvoltarea motorie își poate urma cursul natural.

> *„Să le dăm bebelușilor, chiar dacă au întârzieri în dezvoltare, libertatea de a se mișca în conformitate cu impulsurile lor naturale poate părea o măsură radicală, dar este esențială pentru transformarea lor în persoane cu o stimă de sine intactă."*
>
> – Ruth Anne Hammond, *Respecting Babies*[1]

---

[1] Respectarea bebelușilor (n. tr.).

4. Întârzierea, etapele motorii peste care sar bebelușii: Când îmi scriu părinți îngrijorați că bebelușii lor nu au bifat etape cum ar fi rostogolitul sau mersul de-a bușilea, de multe ori se dovedește că ei le-au îngrădit acestora mișcările folosind dispozitive precum scăunele pentru bebeluși, hamuri cu corzi elastice și centre de activități sau sprijinind bebelușii să stea în șezut.

Nu ne putem aștepta ca bebelușii să-și dezvolte abilitățile motorii fără să le oferim timpul și libertatea necesare pentru a obține rezultate. Dacă sunt obligați să stea în șezut, bebelușii sar uneori peste celelalte etape importante (rostogolitul, târâtul și mersul de-a bușilea).

> *„Cred în a-i asigura bebelușului un spațiu lipsit de pericole în care să se joace și în a-i permite să se miște în voie, fără a-l ajuta. Abține-te de la a-l sprijini să stea în șezut sau a-l ajuta să se rostogolească. El are o dorință naturală de a trece prin aceste etape de dezvoltare și o pricepere înnăscută de face acest lucru în felul „potrivit" lui. Îl face în ritmul lui și-i place așa."*
>
> – Magda Gerber

5. Joaca independentă: Așezatul bebelușilor în fund este un obstacol major în calea jocului independent. Din moment ce statul prematur în șezut este o poziție dependentă, statică, bebelușilor nu le prea place să stea așa perioade lungi (asta presupunând că nu cad, oricum).

6. Flexibilitatea, postura, forma: Irene Lyon, specialistă în studiul corpului uman și practiciană în metoda Feldenkrais, oferă această perspectivă:

„Gândește-te cât de greu le este celor mai mulți adulți să stea în șezut pe podea cu pelvisul în întregime sub ei. Tot mai mulți oameni își dau seama cât de greu este pentru că meditația din poziția stând în șezut este tot mai la modă, întocmai cum yoga i-a făcut pe oameni să-și dea seama cât de scurt este tendonul din spatele genunchiului. Dar dacă-i dai unui copil ocazia să-și găsească propria cale către statul în șezut înseamnă că el își proiectează singur corpul în cel mai potrivit mod pentru el, prin propriile lui descoperiri și mișcări, învățând, de asemenea, cum să-și curbeze coloana vertebrală și șoldurile, cum să-și găsească flexibilitatea din gleznă și din articulațiile genunchilor. Când i se oferă șansa de a face asta singur, este un proces organic treptat și forma urmează funcționalitatea."

Dacă vrei să vezi un exemplu perfect pentru felul cum reușește un bebeluș să-și găsească propria cale, îți recomand din toată inima să urmărești filmulețul de 3 minute al lui Irene Lyon, „Baby Liv", pe care-l poți găsi pe YouTube.

7. Pierderea posturilor de tranziție: Un exemplu de postură de tranziție este poziția „stând sprijinit pe o parte" (eu o alint cu numele „modelul masculin pozând nud"), care de obicei conduce la statul în șezut. Mai sunt multe alte posturi care pot apărea între etapele majore precum rostogolitul, târâtul și statul în șezut. Unele sunt variații unice ale copilului respectiv și, dacă e să credem în înțelepciunea corpului (așa cum cred eu), fiecare dintre ele are un scop evolutiv important. Le amintesc părinților să facă poze, pentru că majoritatea acestor momente sunt adorabile și de scurtă durată.

8. De ce atâta grabă? Bebeluşii îşi dezvoltă siguranţa de sine atunci când li se acordă încredere, când sunt acceptaţi şi apreciaţi pentru ceea ce pot (şi aleg) să facă. Le vor realiza pe toate în ritmul lor.

„I-am întrebat pe părinţi: «Ce vârstă aveaţi când aţi învăţat să staţi în şezut?» Până acum, nu şi-a amintit nimeni. Care este avantajul de a sta în funduleţ mai devreme? De ce există atât de mulţi oameni obsedaţi de idei precum «mai curând e mai bine»? Din moment ce speranţa noastră de viaţă este în creştere, de ce să n-o luăm mai încet? De ce nu sunt pomenite aproape niciodată concepte precum disponibilitatea şi motivaţia?"

– Magda Gerber

8

Cum să-i cultivi copilului tău atenția și capacitatea de concentrare

Nu stăm deloc pe gânduri când vine vorba să întrerupem bebelușii și copiii mici, în special pentru că nu ne trece prin cap să punem preţ pe ceea ce fac ei. În același timp, ne dorim din partea copiilor noștri să înveţe și să reușească. Vrem să fie capabili să asculte cu răbdare în clasă și să aibă tenacitatea de a rezolva probleme grele și de a-și urma visurile. Vrem ca „a fi atent" să fie pentru ei un lucru firesc, iar deprinderile de învăţare să și le formeze ușor și cu bucurie.

Primii ani de viaţă sunt esenţiali pentru dezvoltarea atenţiei și a concentrării. Iată câteva moduri de a stimula capacitatea de concentrare pe perioade mai lungi:

Distracţie și stimulare minimă. Bebelușii se lasă repede în voia obișnuinţei și pot ajunge să aștepte mereu să fie distraţi în loc să facă ce le vine în mod firesc – să-și găsească de lucru cu orice se află în imediata lor apropiere. Stimularea constantă poate avea drept consecinţe un părinte epuizat și un copil surescitat, care se plictisește ușor.

Magda Gerber, expertă în comportamentul nou-născuților, ne-a învățat că bebelușii nu se plictisesc în mod natural. Părinții sunt cei care se plictisesc. Bebelușii sunt fascinați de modurile în care pot să-și miște corpul, de lucrurile pe care le văd, le aud, le miros și în general de orice bucățică de viață căreia noi, adulții, nu-i dăm prea mare importanță. Ei au nevoie de timp nelimitat ca să experimenteze toate aceste lucruri și să le asimileze.

Fără televizor sau filmulețe în primii doi ani. Televizorul și filmele sunt cel mai drastic mod de a submina capacitatea de concentrare a copilului tău, pentru că acestea îi domină și-i copleșesc atenția în loc să-l încurajeze să-și exerseze capacitatea de concentrare.

Gândește-te la atracția puternică pe care o exercită ecranul unui televizor într-un restaurant. Poți să stai la masă alături de cei mai fascinanți oameni din lume, și totuși să te trezești că îți fug ochii spre afurisitul de televizor. (Pentru un studiu aprofundat al problemei televizorului, îți recomand din toată inima *Endangered Minds: Why Children Don't Think - And What We Can Do About It*[1], de dr. Jane M. Healy.)

Creează un loc sigur, plăcut și „pozitiv". Ca să se mențină ocupat perioade îndelungate, bebelușul are nevoie de un loc sigur. Asta poate începe cu un coșuleț sau un pătuț, mai târziu un țarc și în cele din urmă o zonă de joacă îngrădită. O zonă prea extinsă, cu obiecte potențial periculoase aflate la îndemâna copilului, nu reprezintă mediul relaxat

[1] Minți în pericol: De ce nu gândesc copiii – și ce putem face în legătură cu asta (n. tr.).

de care are nevoie bebeluşul pentru a-şi concentra atenţia pe perioade lungi. Bebeluşii nu se pot juca prea mult timp când sunt distraşi de încordarea părinţilor îngrijoraţi pentru siguranţa lor şi întrerupţi cu câte un „Nu“.

Doar obiecte şi jucării simple, multifuncţionale. Dacă nu sunt distraşi, bebeluşii obişnuiesc să studieze centimetru cu centimetru orice obiect simplu, cum ar fi modelul de la un prosop de pânză. Îl analizează îndeaproape: îl flutură, îl bagă în gură, şi-l pun pe faţă şi-l mototolesc. Au tendinţa să se plictisească sau să devină surescitaţi când au de-a face fie cu obiecte pe care nu le pot înţelege (cum ar fi jucăriile care zornăie sau alte surse misterioase de zgomot), fie cu jucării pe care le privesc sau le ascultă pasiv şi care au o singură funcţie (cum ar fi caruselele muzicale sau jucăriile cu cheiţă). În mod asemănător televizorului şi filmelor, aceste jucării mai degrabă subjugă atenţia copilului decât să-i stimuleze capacitatea de a se concentra în mod activ, de a cerceta şi de a interacţiona.

Observă. Şi nu întrerupe. Observarea felului în care bebeluşii noştri aleg să-şi petreacă timpul ne ajută să ne dăm seama că ei nu stau culcaţi şi atât, ci chiar *fac* ceva. Acest ceva poate însemna să privească la o fereastră, la ventilatorul din tavan sau să încerce să prindă particulele de praf din lumina soarelui.

De fiecare dată când îi întrerupem contemplările bebeluşului nostru, îi tulburăm concentrarea. Dacă îl urmărim, putem observa când apare o pauză în activitatea lui, de exemplu bebeluşul îşi ia ochii de la mingiuţa perforată pe care o împungea cu degetele şi îşi îndreaptă privirea spre noi. Atunci putem să-i cerem să-l ridicăm ca să-i schimbăm scutecul fără să-i distragem atenţia sau să-i întrerupem fluxul gândirii.

Bebeluşul are posibilitatea să aleagă. Realitatea simplă: copiii sunt mai interesaţi de lucrurile pe care le aleg ei decât de lucrurile pe care le alegem noi pentru ei. De aceea, dacă-i dăm voie unui bebeluş să aleagă singur ce să facă în mediul său de joacă, în loc să-l direcţionăm către activitatea aleasă de noi (un joc educativ, puzzle sau joc cu imagini), propria lui alegere îi va atrage cu mai mult succes interesul, atenţia şi concentrarea.

Copiii cărora li se asigură o mulţime de ocazii de a se concentra pe perioade lungi asupra unor activităţi pe care şi le aleg singuri vor fi mai capabili să fie atenţi în situaţii viitoare (cum ar fi la şcoală), în care activităţile sunt stabilite de adulţi.

Nu-i distrage atenţia. Este o practică frecventă să-i distragem atenţia unui bebeluş cu o jucărie pe măsuţa de schimbat ca să „rezolvăm problema". Dar asta îi obişnuieşte pe bebeluşi să *nu* fie atenţi. Schimbatul scutecelor, baia şi mesele nu sunt nişte corvezi plictisitoare şi neplăcute pentru bebeluşi. Ei sunt interesaţi de toate aspectele vieţii lor. Vor să fie implicaţi în fiecare etapă a unei sarcini care-i priveşte şi să fie invitaţi să participe după puterile lor.

Atunci când învăţăm un bebeluş că NU ar trebui să fie atent la activităţile din care face parte integrantă, cum ne putem aştepta să-şi dezvolte o capacitate de concentrare sănătoasă?

Capacitatea de a petrece perioade prelungite de timp analizând în profunzime, căutând o înţelegere mai bună a unui obiect sau a unei situaţii poate fi dezvoltată şi întărită ca un muşchi. Nu pretind că aş avea un doctorat în aşa ceva, dar bunul-simţ şi experienţa îmi spun că un mediu casnic care stimulează concentrarea şi atenţia poate să aibă un impact pozitiv în cazul unor tulburări cu deficit de atenţie – şi poate chiar să le prevină.

Concentrarea înseamnă putere. O capacitate de concentrare pe perioade lungi este esenţială pentru succesul şcolar, sportiv şi în sfera creaţiei. Ascultătorii atenţi sunt cei mai buni prieteni, parteneri de viaţă şi părinţi.

Aşa că data viitoare când verifici ce face bebeluşul tău, umblă în vârful picioarelor şi trage cu ochiul înainte de a-i spune „Bună".

9

Joaca nou-născuţilor – minţi extraordinare la lucru

Am studiat sute de bebeluşi pe parcursul a douăzeci de ani şi am certitudinea că le cunosc destul de bine lumea, dar cu toate acestea încă mă simt un pic ciudat când îi descriu cuiva „joaca nou-născuţilor". Simt cum acea persoană se gândeşte: „O, da, sigur, nou-născuţii *se joacă*".

Dar, de fapt, din momentul în care a împlinit câteva săptămâni, chiar şi numai câteva zile, bebeluşul poate iniţia obiceiul jocului autodirijat, care-l binedispune. Iar atunci când noi învăţăm să recunoaştem, să apreciem şi să facilităm acest element inestimabil din viaţa unui nou-născut, ne aşteaptă surprize extraordinare.

Momentele de joacă ale unui bebeluş foarte mic pot părea destul de plictisitoare în ochii neavizaţi ai unui adult. Suntem tentaţi să distrăm un bebeluş (aşa cum am făcut eu) sau credem că are nevoie de stimulare continuă, că trebuie să ne însoţească tot timpul de-a lungul treburilor noastre zilnice, într-un port-bebe sau o scoică pentru nou-născuţi. În realitate, bebeluşii nu au nevoie ca noi să ne consumăm energia ca să le umplem timpul. De fapt, dacă menţinem un bebeluş ocupat, îi subminăm dorinţa naturală de a fi iniţiatorul propriilor sale activităţi şi de a recepta lumea în propriii săi termeni.

Bebeluşii sunt autodidacţi, iar lucrurile de care au cu adevărat nevoie (şi care au enorme beneficii din punctul de vedere al dezvoltării) sunt timpul, libertatea şi încrederea de a-i lăsa „să fie, pur şi simplu, ei înşişi".

Noi, ca adulţi, uităm că fiecare detaliu banal din lume este nou şi stimulator pentru un nou-născut – fiecare formă, contrast şi sunet, chiar şi cea mai neînsemnată mişcare, toate sunt fascinante pentru ei. Viaţa este un teren de joacă. Aşadar, nou-născuţii „se joacă" atunci când privesc în jurul lor, ascultă, pipăie şi miros aerul, atunci când au libertatea să atingă, să apuce, să-şi contorsioneze corpul şi să gândească... să gândească... să gândească. (Nu ţi-ar plăcea la nebunie să ştii ce gândesc bebeluşii?)

Prima dată l-am observat pe unul dintre bebeluşii mei jucându-se pe măsuţa de schimbat scutece când avea nouă zile. Pe când terminam de schimbat scutecul am observat că privea o umbră de pe perete, complet captivat. Am tras adânc aer în piept, m-am abţinut de la a-l întrerupe... şi am aşteptat, pur şi simplu. Atunci când şi-a întors privirea către mine, după două-trei minute, l-am întrebat: „Vrei să te ridic?" Şi când mi s-a părut că citesc „da" în ochii lui, l-am ridicat.

Respectarea acestor momente personale importante în care nou-născutul nostru este cufundat în gânduri – e simplu, trebuie doar să nu-l întrerupem – încurajează joaca pe perioade mai lungi, care se pot prelungi la ore întregi pe măsură ce bebeluşul creşte şi devine copil mic şi în etapele următoare.

Bebeluşii au tendinţa să fie mai profund implicaţi atunci când li se acordă încrederea de a-şi stabili singuri programul de joacă decât atunci când le impunem noi un program. Atunci când sunt în același timp „scenariști, regizori și actori principali" ai timpului lor de joacă, bebelușii își dezvoltă deprinderi cognitive de învățare solide și își cultivă abilitățile naturale de a explora, a-și imagina și a crea.

Rolul nostru este să le amenajăm un spațiu sigur cu câteva jucării și obiecte simple. Plăcerea senzorială a timpului petrecut în aer liber este întotdeauna de preferat, ori de câte ori e posibil. Ne asigurăm că bebelușul se poate mișca în voie, mai întâi stând întins pe spate. Apoi renunțăm la orice așteptări (o provocare interesantă) și-i permitem bebelușului să facă orice-și dorește.

Cele mai indicate sunt obiectele simple pe care un copil le poate folosi creativ în numeroase moduri: mingi de toate dimensiunile, șervețele din bumbac, lanțuri sau inele mari din plastic, pahare pentru stivuit, păpuși-bebe simple etc. Când bebelușul crește și devine copil mic, putem adăuga puzzle-uri, cărticele cartonate cu imagini, structuri de cățărat și echipamente mai complexe, având tot timpul în vedere că ne dorim să încurajăm învățarea activă, rezolvarea problemelor dirijată de copil și experimentarea creativă mai degrabă decât ca ei „să facă lucrurile așa cum trebuie".

Pentru a vedea un exemplu de filmuleț cu un nou-născut jucându-se fericit și cu același copil la vârsta de 2 ani, puteți privi *Smart Baby's Self-Directed Play (RIE Baby)*[1] pe YouTube.

---

[1] Joaca autodirijată a unui bebeluș inteligent (bebeluș RIE) (eng.)

10

Medici, dentişti, tunsori

Am avut parte de multe surprize de când am devenit mamă. Am aflat că un copil sub vârsta de şase ani nu merge niciodată încet pe un coridor când poate să alerge; că boabele de porumb trec prin corp întregi; că băieţii au un impuls declanşat de testosteron să testeze limita de rezistenţă a tuturor lucrurilor cu care au de-a face, în special a jucăriilor noi, cu rezultate previzibile.

Dar cea mai mare surpriză dintre toate a fost descoperirea că bebeluşilor şi copiilor mici poate, de fapt, să le facă plăcere - şi chiar să aştepte cu nerăbdare - să meargă la tuns, la medic sau la dentist. (Lucruri care mie, categoric, nu mi-au plăcut niciodată!) Şi tot ce a trebuit să fac eu ca să se întâmple aşa a fost să-mi ajut fetiţa „să aştepte cu nerăbdare" aceste momente de rutină pregătind-o cu sinceritate pentru situaţiile respective.

Când am început să frecventez cursurile de parenting RIE ca proaspătă mămică, am adoptat obiceiul de a-i spune fetiţei mele ce i se întâmplă şi mai ales ce urmează să se întâmple. Îi spuneam că urmează s-o iau în braţe, s-o aşez pe măsuţa de schimbat scutece sau orice altceva mai aveam de făcut cu ea, înainte de a face propriu-zis toate astea.

Am învăţat că bebeluşilor le plac lucrurile previzibile. Le face plăcere acea vagă senzaţie de control pe care o au atunci când pot anticipa ce urmează să se întâmple. Ei simt că lumea este un pic mai sigură şi mai puţin copleşitoare dacă ştiu, de exemplu, că după baie se vor îmbrăca în pijama, vor auzi un cântec minunat şi vor fi duşi în braţe să ajute la trasul jaluzelelor înainte de a fi aşezaţi în pat. Bebeluşilor le place să fie implicaţi în derularea lucrurilor, chiar dacă asta înseamnă doar să fie informaţi despre tot ce li se întâmplă.

Atunci când sunt trataţi cu acest gen de respect, bebeluşii devin surprinzător de cooperanţi, pentru că sunt conştienţi şi implicaţi. Dar când luăm pe sus un bebeluş fără să-i spunem niciun cuvânt sau îi distragem atenţia cu o jucărie ca să-i schimbăm mai repede scutecul, îl descurajăm să se mai implice şi îl facem să se simtă manipulat ca să se conformeze, nu ca partener într-o activitate intimă.

Deşi nu pot vorbi, bebeluşii sunt persoane complete, capabile să participe activ la relaţia cu noi şi la propria lor viaţă. Cu cât mai curând îi includem sincer şi-i invităm să ni se alăture, cu atât mai curând vor face asta.

Când fetiţa mea avea cam douăsprezece luni, am pregătit-o pentru întâlnirea cu medicul. Am stat de vorbă cu ea acasă, în dimineaţa în care aveam programarea, i-am spus unde urmează să mergem şi ce are să se întâmple acolo. I-am povestit despre cântar, stetoscop, i-am spus că medicul se va uita în ochii ei cu o lumină, îi va pipăi burtica şi se va uita în gura ei. Şi dacă aş fi ştiut că urmează să facă vreo injecţie în acea zi, i-aş fi spus şi despre asta, şi chiar înainte de înţepătură aş fi avertizat-o: „S-ar putea să te doară sau să te usture".

Când am ajuns cu fiica mea la cabinetul medicului despre care aflase deja totul, îi simţeam nerăbdarea, iar când medicul a intrat în sala de consultaţii, era liniştită, atentă, aşteptând cu sufletul la gură să se împlinească toate predicţiile mele.

Din păcate, medicul, plin de bune intenţii, s-a lansat într-un număr de comedie/magie, fluturând luminiţa de colo colo ca pe un licurici în încercarea de a-i distrage atenţia, spunându-i „Văd o păsărică la tine-n ureche!" şi apoi uitându-se pe furiş ca s-o examineze.

Fetiţa mea era stupefiată. Eu am jucat rolul de mediator. Îi spuneam ce face de fapt medicul, ca să poată rămâne implicată şi să participe cel puţin din punct de vedere mental cât mai mult. Este un medic bun, dar are o părere frecvent întâlnită în legătură cu copiii: că nu li se poate spune adevărul şi că trebuie păcăliţi şi amuzaţi ca să li se distragă atenţia, pentru ca el să-şi poată face treaba.

Din fericire, fiicei mele i-a plăcut prima experienţă la cabinetul medicului suficient de mult încât să-şi dorească să mai meargă. A reacţionat cu un interes asemănător la frizerie, când i s-a pus o bavetă uriaşă şi a simţit cum foarfeca îi taie părul, şi întotdeauna a aşteptat cu nerăbdare să meargă la dentist, chiar dacă acolo trebuia să stea cu gura deschisă foarte mult timp.

Desigur, copiilor mei le face plăcere să primească o acadea, o periuţă de dinţi nouă sau un abţibild cu „Am dinţi grozavi". Dar am ajuns cu mult timp în urmă la concluzia că pregătirea sinceră care a dus la implicarea lor activă în acele experiențe timpurii la medic, dentist și frizer este motivul pentru care copiilor mei încă le place să meargă acolo.

Sau poate că doar sunt niște copii ciudați.

11

Cum să-ţi linişteşti copilul dependent de atenţie

E plăcut să simţi că o fiinţă are nevoie de tine, dar când devenim părinţi ne dăm seama că până atunci n-am ştiut niciodată cu adevărat ce înseamnă „să ai în preajmă pe cineva care are tot timpul nevoie de atenţie". După cum corect remarca Magda Gerber, postura de părinte aduce după sine „o senzaţie de ne-libertate", indiferent dacă ne aflăm sau nu în prezenţa copiilor noştri.

Spre sfârşitul primului an de viaţă (când copiii devin conştienţi de distincţia dintre ei şi părinţi) şi periodic de-a lungul primilor ani, noi, mamele, devenim deseori unicul obiect al dorinţei copilului nostru.

În viaţa copiilor, perioadele în care se agaţă de prezenţa părinţilor tind să coincidă cu momentele în care fac paşi evolutivi către independenţă (ca atunci când învaţă să meargă). Uneori acestea apar când copiii se confruntă cu situaţii noi sau de tranziţie (de exemplu, mama este însărcinată). Oricât de uşor de înţeles ar fi, tot este extrem de sufocant, frustrant şi avem un sentiment de vinovăţie atunci când pacostea noastră adorabilă nu ne poate scăpa din ochi nici măcar o clipă.

La cursurile mele, mamele de bebeluși între 9 și 12 luni au în comun deseori o poveste grăitoare: „Nu fac altceva decât să dau o fugă până la toaletă sau să fac un duș, și bebelușul meu începe să țipe și să plângă fără a putea fi potolit. Ce-ar trebui să fac?" Este evidentă disperarea lor că-și fac bebelușii să treacă printr-un asemenea chin – dar apoi descoperim că de fapt bebelușul nici măcar nu era singur. Era cu tatăl său cel drăgăstos. Hmm...

Nu c-aș vrea să bagatelizez emoțiile bebelușilor, dar este acesta un bebeluș care are disperată nevoie de atenție? Sau este o exprimare sănătoasă a voinței sale în formare? Oricare ar fi adevărul, situația este neplăcută atât pentru bebeluș, cât și pentru mamă și tată.

Iată ce sugestii am pentru a reduce anxietatea tuturor celor implicați și pentru a-i ajuta pe toți să facă față momentelor când copiii cer multă atenție:

Încurajează autonomia. Modul în care ne percepem copiii are o influență uriașă asupra lor. În timp ce unii experți îi numesc pe nou-născuți „neajutorați", Magda Gerber a făcut distincția aparent minoră – dar în realitate foarte importantă – că bebelușii sunt *dependenți*, nu neajutorați. Ea considera că bebelușii au o pricepere naturală, dacă le oferim posibilitatea s-o demonstreze, ceea ce mi s-a confirmat de o mie de ori. Magda numea acest lucru a avea „încredere elementară" în bebeluși și este cheia abordării ei.

Unul dintre lucrurile pe care le pot face bebelușii (și pare să le facă mare plăcere) este să-și petreacă timpul singuri, într-un mod autodirijat. Am putea observa asta pentru prima dată atunci când ne vedem nou-născutul trezindu-se și privind de jur împrejur o vreme, înainte de a ne da de înţeles că are nevoie de noi. În astfel de momente, sădim seminţele delicate ale independenţei dacă ne abţinem de la a-i copleşi pe bebeluşi cu dragostea noastră şi pur şi simplu îi observăm în linişte. Dacă le asigurăm când şi când minute ca acestea într-un loc sigur, ele se pot transforma mai târziu în perioade de timp din ce în ce mai lungi petrecute de bebeluş cu el însuşi – timp pentru a explora, a învăţa, a crea, a se afla în comuniune cu „sinele" său. Acordându-le copiilor acest timp neîntrerupt şi spaţiu de la început, dar fără a le impune vreodată, le cultivăm o autonomie sănătoasă.

Această fărâmă de independenţă nu elimină anxietatea de separare şi nevoia exagerată de atenţie, dar reduce simţitor frecvenţa, intensitatea şi durata episoadelor. Şi are logică, deoarece copiii care au cunoscut gustul autonomiei ştiu acum prea bine că pot sta şi singuri o perioadă.

Nu reacţiona exagerat. Bebeluşii sunt atenţi şi impresionabili, ceea ce înseamnă că primesc constant mesaje de la noi prin intermediul reacţiilor şi comportamentului nostru. De exemplu, dacă bebeluşul nostru încearcă să se rostogolească, iar noi ne repezim brusc şi-l întoarcem pe partea cealaltă sau îl luăm în braţe la primul semn că a dat de greu, micuţul va crede că nu este capabil să facă faţă de unul singur nici măcar celor mai neînsemnate greutăţi.

Pe de altă parte, dacă ne aşezăm lângă bebeluşul nostru, ne aplecăm până la nivelul lui, îi arătăm că-i înţelegem emoţiile şi eforturile, aşteptăm un pic şi apoi – dacă plânge în continuare – îl întrebăm dacă vrea să se cuibărească la noi în poală, el va primi un mesaj la fel de tandru, dar mult mai mobilizator. De multe ori va alege să persevereze în ceea ce făcea, odată ce a fost auzit şi înţeles.

Depinde doar de noi: mesajele pe care le transmitem copiilor noştri îi determină să se simtă fie în siguranţă şi competenţi, fie dependenţi de puterile noastre magice de a-i salva.

Desparte-te de copil cu încredere. Din nou, copiii sunt sensibili la emoţiile noastre. Dacă avem emoţii ambivalente, dacă ne simţim triste, vinovate etc. pentru că-i lăsăm într-un loc sigur cât timp nu suntem acolo, sunt puţine şanse ca ei să ne lase să plecăm fără să vocifereze. Dacă noi suntem nesigure, cum ar putea copilul nostru să se simtă în siguranţă?

Aşa că recomandarea mea este să-i spui **întotdeauna** copilului că vei pleca (plecatul pe furiş creează şi mai multă anxietate şi neîncredere) şi să faci asta cu blândeţe, fermitate şi încredere că bebeluşul tău este perfect capabil să facă faţă acestei situaţii. „Mă duc până la baie şi mă întorc în cinci minute." Întotdeauna este de preferat să nu adaugi şi „bine?" la sfârşit, dacă-ţi aduci aminte înainte să-ţi scape, fiindcă acest adaos sugerează nesiguranţă sau nevoia de a primi permisiunea copilului. Dacă bebeluşul plânge în timp ce tu încerci să pleci, confirmă-i: „Te înţeleg. Nu vrei să plec, dar am să mă întorc".

Nu convinge copilul să renunţe la emoţiile lui. Validează-i copilului tău emoţiile pe care i le provoacă despărţirea de tine, fără nici cea mai mică urmă de judecată de genul „Dar m-am jucat cu tine toată dimineaţa!" Acceptă-i-le întru totul. Încurajează tatăl sau persoana care rămâne să aibă grijă de copil să-l susţină oricât timp va avea nevoie să plângă pierderea ta temporară şi în acelaşi timp să-l asigure cu calm: „Mami o să se întoarcă". Cere-i să nu-i distragă atenţia copilului, să nu-l ia cu „şşşt" sau să-i spună

„nu-i nimic", ci doar să-i valideze emoţiile, să asculte, să-i ofere susţinere şi îmbrăţişări dacă asta îşi doreşte copilul. Emoţiile copiilor sunt întemeiate şi trebuie tratate ca atare.

Oferă-i copilului ocazii de a se detaşa (şi de a reveni la baza lui sigură), ocazii care sunt generatoare de încredere. Iată ce le amintesc părinţilor de la cursurile mele, mai ales când sunt îngrijoraţi că bebeluşii se agaţă de prezenţa lor şi nu se joacă: noi suntem aproape întotdeauna cei care iniţiază despărţirile de copiii noştri. Şi copiii au nevoie să simtă că li se acordă încrederea de a se detaşa şi de a reveni, după caz. (Încrederea pe care le-o acordăm copiilor noştri că pot face faţă unei asemenea experienţe este esenţială pentru ca ei să-şi formeze ataşamente sigure, conform teoriei ataşamentului promovate de John Bowlby.)

Dar detaşarea iniţiată de copil nu poate avea loc dacă ne ţinem tot timpul după bebeluşii sau copiii noştri mici. Acesta este unul dintre motivele pentru care, la cursurile de îndrumare RIE pentru părinţi/nou-născuţi, le recomandăm părinţilor să-şi găsească un loc în sală şi să rămână acolo. Atunci când urmărim copiii în situaţii ca acestea, în care se pot juca şi singuri în siguranţă, le transmitem mesajul că nu-i credem capabili să stea departe de noi. Poate că facem asta deoarece credem că trebuie să le arătăm copiilor noştri cum să se joace (nu vă faceţi griji, nu trebuie). Sau poate că de fapt nouă ne este greu să ne detaşăm?

Este important să stăm într-un singur loc îndeosebi în situaţiile de grup, pentru că atunci copilul ştie exact unde suntem, ceea ce-l ajută să se detaşeze cu încredere atunci când este pregătit.

Acceptă fără rețineri nevoia exagerată de atenție. Te sfătuiesc să nu te împotrivești niciodată nevoii de atenție a copilului, cu excepția momentelor când realmente avem nevoie (sau vrem) să ne detașăm, și este sănătos și pozitiv să facem asta. Nevoile și limitele părinților sunt parte integrantă a relației părinte/copil. Este esențial pentru relația noastră să avem grijă de noi (chiar și atunci când copilul nostru nu e de acord) și să nu avem îndoieli în privința asta.

Pe de altă parte, apar anumite situații, în grupul de joacă, din parc, de la câte o petrecere sau chiar de acasă, când ne-am putea *aștepta* de la copilul nostru să se joace sau să socializeze, dar el nu se dezlipește de noi. Renunță la acele așteptări sau dorințe – acceptă nevoia de atenție a copilului. De fapt, primește-o cu brațele deschise. Nu te apuca să-l distrezi pe copil; lasă-l doar să stea cu tine și să privească. Dacă încerci să-l duci cu zăhărelul, să-i redirecționezi atenția, să-i arăți toți copiii minunați sau toate jucăriile cu care ar putea să se joace, nu faci decât să-i sporești dorința de a se agăța de prezența ta.

Atunci când îl credem pe copil că are nevoie să fie aproape de noi și-l asigurăm că nu avem absolut nimic împotrivă, anxietatea de separare se diminuează.

Așa că, ori de câte ori e posibil, cedează fără rețineri. Ține-ți copilul aproape și imaginează-ți ziua în care nu va mai vrea el să stea la tine în poală (sau nu va mai încăpea foarte bine). Uf, lasă, hai să nu deschidem subiectul ăsta.

12

Un cuvânt magic pentru parenting (şi 10 moduri de a-l folosi)

Magda Gerber a lăudat puterea unui cuvânt unic care este fundamental în cadrul filosofiei ei de îngrijire a copilului. Acest cuvânt reflectă o credinţă profundă în capacităţile naturale ale bebeluşului, îi respectă ritmul unic de dezvoltare, îi satisface nevoia de a decide de unul singur, de a rezolva probleme în mod creativ şi de a-şi exprima emoţiile (chiar şi acelea la care ne este greu să asistăm).

Acest cuvânt este un instrument simplu şi practic pentru a-i înţelege pe bebeluşi şi pentru a le oferi dragoste, atenţie şi încredere fiinţelor omeneşti de toate vârstele. Este vorba despre cuvântul AŞTEAPTĂ. Iată cum funcţionează:

Aşteaptă formarea deprinderilor motrice ale bebeluşului sau copilului mic, formarea obişnuinţei de a merge la toaletă, a limbajului şi a altor abilităţi de învăţare preşcolară. Observă satisfacţia, confortul şi mândria unui copil când poate să-ţi arate el ţie ce este pregătit să facă, nu invers. După cum spunea deseori Magda, „Sunt pregătiţi să facă un lucru atunci când încep să-l facă". Bebeluşii pregătiţi se descurcă mai bine (hmm... idee de slogan pentru un autocolant auto?) şi sunt pe deplin stăpâni pe realizările lor, clădindu-şi o încredere în sine care durează toată viaţa.

Aşteaptă înainte de a întrerupe. Oferă-i bebeluşului posibilitatea să continue ceea ce face, să înveţe mai multe despre ce-l interesează, să-şi dezvolte o capacitate de concentrare de mai lungă durată şi să devină autodidact independent.

Dacă aşteptăm răbdători cât timp nou-născutul priveşte spre tavan şi-l lăsăm să-şi continue şirul gândurilor, el este încurajat nu numai să gândească în continuare, ci şi să aibă în continuare încredere în instinctele lui. Ori de câte ori este posibil, abţine-te de la a-l întrerupe. Astfel îi transmiţi bebeluşului mesajul că apreciezi activităţile pe care şi le-a ales (şi, prin urmare, şi pe el).

Aşteaptă ca micuţul să-şi rezolve singur problemele şi lasă-l să se confrunte cu dificultăţile (asta îi dezvoltă capacitatea de a persevera) şi cu frustrarea care preced, de obicei, realizările importante. Aşteaptă să vezi mai întâi ce este capabil copilul să facă de unul singur.

Atunci când un bebeluş se chinuie să se rostogolească de pe spate pe burtică, încearcă să-l susţii cu vorbe blânde de încurajare înainte de a interveni şi a-i întrerupe procesul. Apoi, dacă frustrarea se agravează, ridică-l în braţe ca să ia o pauză, în loc să-l întorci pe partea cealaltă şi să-i „rezolvi" problema. Acest lucru îl încurajează pe bebeluşul nostru să încerce şi iar să încerce, până când, în cele din urmă, va reuşi, în loc să se creadă incapabil şi să aştepte de la alţii să facă treaba în locul lui. Acelaşi lucru e valabil şi pentru dezvoltarea deprinderilor motrice prin străduinţa lor de a manevra jucăriile, puzzle-urile şi echipamentele, şi chiar a capacităţilor de autoalinare, de pildă prin suptul degetului în loc de a-i da o suzetă.

Aşteaptă copilul să descopere în loc să-i arăţi noua jucărie şi cum funcţionează.

„Când îl înveţi ceva pe copil, îi răpeşti pentru totdeauna şansa de a descoperi singur acel lucru."

– Jean Piaget

Aşteaptă şi observă ce face, de fapt, copilul, înainte de a trage concluzii pripite. Poate că un bebeluş care se întinde către o jucărie ar fi mulţumit doar să-şi întindă braţul şi degetele, nu să îndeplinească o sarcină anume. Poate că un copil mic care se uită printr-o uşă de sticlă exersează statul în picioare sau admiră priveliştea, nu este neapărat nerăbdător să iasă din casă.

Aşteaptă rezolvarea conflictelor şi dă-i copilului ocazia de a-şi rezolva singur problemele cu alţi copii, ceea ce şi face de obicei destul de uşor, cu condiţia ca noi să reuşim să ne păstrăm calmul şi răbdarea. Şi ceea ce unui adult i s-ar putea părea a fi un conflict este de multe ori doar „joacă împreună cu alt copil" din perspectiva unui copil mic.

Aşteaptă până când copilul este pregătit înainte de a introduce activităţi noi, pentru ca el să poată fi participant activ, să primească noile experienţe cu mai mult entuziasm şi încredere, să înţeleagă şi să înveţe mult mai mult.

Este greu să aşteptăm momentul în care să împărtăşim experienţele captivante din propria noastră copilărie (cum ar fi spectacole, parcuri de distracții sau cursuri de dans) cu copiii noștri, dar mai devreme nu înseamnă aproape niciodată mai bine, iar răbdarea noastră este întotdeauna răsplătită.

Așteaptă până înțelegi mai bine ce nevoie are bebelușul când plânge. Atunci când ne urmăm impulsul - pe care-l avem cei mai mulți dintre noi - de a potoli lacrimile copiilor noștri cât mai repede, putem ajunge să presupunem că au anumite nevoi, în loc să înțelegem cu adevărat ce încearcă ei să ne comunice.

Așteaptă până când copilul își exprimă emoțiile, pentru ca și el să și le poată înțelege în întregime. Plânsetele copilului nostru ne pot trezi și nouă emoții profund refulate; ne pot face să ne simțim neliniștiți, iritați, agitați și chiar furioși sau speriați. Dar copiii au nevoie să le acceptăm emoțiile fără să-i judecăm, au nevoie să-i încurajăm să le lase să-și urmeze cursul firesc.

Așteaptă idei de la copil înainte de a-i oferi tu sugestii. Asta îl încurajează să gândească perseverent și să fie un căutător de soluții. De nenumărate ori am trăit miracolul așteptării înainte să mă bag ca musca-n lapte în timp ce se jucau copiii sau să le dau idei când păreau plictisiți. De obicei, e de-ajuns să-mi mușc limba preț de câteva minute, poate să-i spun copilului mic câteva cuvinte de încurajare cum ar fi „Uneori e greu să-ți dai seama ce să faci, dar ești creativ, știu că o să găsești ceva", pentru ca lui chiar să-i vină o idee. Și cu siguranță este mult mai ingenioasă, mai interesantă și mai potrivită decât orice lucru la care m-aș fi putut gândi eu.

Mai presus de toate, copilul primeşte nişte confirmări extraordinare:

1) Sunt un gânditor creativ şi ştiu să rezolv probleme;

2) Pot face faţă disconfortului, dificultăţilor şi frustrării;

3) Plictiseala reprezintă doar timpul şi spaţiul dintre idei (şi uneori sursa geniului).

Instinctele ne pot spune că aşteptarea este o dovadă de *ne*păsare, de *lipsă* de susţinere şi că zdruncină încrederea în sine a copilului - asta până când rezultatele ne demonstrează contrariul. De multe ori ni se pare că este împotriva intuiţiei noastre să stăm deoparte răbdători şi să observăm, fapt pentru care, chiar şi atunci când cunoaştem şi apreciem magia care se poate produce când aşteptăm, de obicei suntem nevoiţi să facem un efort conştient. Dar merită.

13

Cum să-i dai micuţului tău posibilitatea de a reuşi

Sala în care îmi ţin cursurile pentru părinţi/copii mici este dotată cu jucării simple, platforme, structuri pentru căţărat, obiecte casnice obişnuite. Într-o dimineaţă am adăugat un borcan mare, din plastic alb, cu un capac cu filet. Am pus în borcan câteva verigi dintr-un lanţ de plastic şi, după cum mi-am dat seama mai târziu, i-am închis capacul un pic prea strâns.

Au început să sosească părinţii şi copiii, iar eu i-am urat bun-venit Jennei, o fetiţă în vârstă de douăzeci de luni, care venise atunci însoţită pentru prima oară de mătuşa ei, Lisa. După ce am făcut prezentările, părinţii s-au aşezat la locurile lor, iar copiii au început să se joace.

Jenna a început să-i aducă diverse obiecte mătuşii ei, un obicei frecvent al copiilor mici. Jenna i-a dat Lisei un căţel de pluş, iar Lisa şi l-a aşezat în poală cu faţa spre Jenna. Apoi Jenna i-a dat Lisei nişte inele care erau prinse la un loc. Lisa i-a separat inelele. Jenna a adus un autobuz de jucărie şi Lisa l-a plimbat pe podea. Jenna i-a tot adus în continuare jucării Lisei, iar Lisa, dorind să intre în joc şi să dea dovadă de bunăvoinţă, a răspuns la fiecare jucărie primită în dar cu câte o acţiune din partea ei.

Jucându-se de dragul Jennei, chiar şi în această manieră subtilă şi bine intenţionată, Lisa o transforma pe Jenna în spectatoare în loc s-o lase să fie actriță.

Este greu pentru adulţi să-şi dea seama cât de uşor pot ajunge acţiunile lor să domine atunci când se joacă cu un copil. Când un adult face mai mult decât să reacţioneze, pur şi simplu, la ceea ce face copilul, atunci interacţiunea exprimă mai degrabă interesele adultului decât pe cele ale copilului. În timp ce alţi copii explorau, Jenna o urmărea pe mătuşa ei.

Am sperat ca atenţia Jennei să-şi schimbe direcţia pe parcursul perioadei noastre de observaţie în linişte. Le-am amintit părinţilor că urmează să încercăm, timp de zece-cincisprezece minute, să ne eliberăm minţile de aşteptări și de proiecţii şi pur și simplu să observăm copiii cu cât mai multă obiectivitate. Am adăugat că ar trebui să interacţionăm cu copilul dacă vine la noi pentru interacţiune, dar că ar trebui să reducem răspunsurile la minimum, ca să nu le atragem prea mult atenţia copiilor asupra noastră.

Atunci când practică acest gen de observaţie, cei care-i au în grijă pe copii pot să-şi facă o idee destul de clară în legătură cu ceea ce se petrece în mintea celor mici. Poate fi edificator, chiar uluitor să priveşti un copil care este absorbit de explorarea împrejurimilor, care interacţionează cu alţi copii și experimentează activităţi pe care le concepe chiar el. Dacă o imagine face cât o mie de cuvinte, atunci o demonstraţie pe viu face cât un milion, în sensul că ne ajută să ne înţelegem copilul şi nevoile pe care le are.

Când Lisa nu s-a mai jucat cu Jenna şi doar a primit binevoitoare obiectele pe care i le aducea fetiţa, Jenna a început să exploreze din proprie iniţiativă. A dus autobuzul până la o cutie mare plină cu bile de toate mărimile şi i-a testat capacitatea de a trece peste denivelările din cutie preţ de mai multe minute. În cele din urmă a trecut la o altă jucărie.

În timp ce urmăream alt copil, se pare că Jenna a descoperit borcanul pe care-l pusesem într-una dintre cutiile mari de lemn. Am văzut-o aducându-i Lisei borcanul, cu verigile zornăind înăuntru. Ţinând borcanul cu amândouă mâinile, Jenna i l-a întins mătuşii sale, iar eu m-am temut de ce era mai rău. Cu siguranţă, Lisa cea bună la suflet nu se va putea abţine să-i deschidă borcanul. „Te rog, nu i-l deschide", am implorat-o. „Ai încredere în mine."

Ceea ce s-a întâmplat în continuare aproape că m-a făcut să izbucnesc în râs. Ca răspuns la avertismentul meu ca Lisa să nu deschidă borcanul, Jenna s-a întors către mine părând extrem de revoltată, dar probabil că în realitate era doar surprinsă. În cele din urmă, şi-a îndreptat din nou privirea spre borcan, care acum era la mătuşa ei în mână, dar nu a încercat să-l deschidă singură. Nu părea să fie frustrată. Ea are doi fraţi mai mari şi e posibil să se fi obişnuit să rezolve alţii problemele în locul ei. Cu atât mai mult speram să se simtă încurajată să ia mai des iniţiativa.

Dar şansa Jennei de a-şi încerca puterile cu borcanul a luat sfârşit atunci când Emily, o fetiţă care venea la curs de puţin timp, s-a dus la Jenna şi i-a luat borcanul. Emily i-a dus borcanul tatălui ei, care era la curs pentru a doua oară; părea încrezătoare că el va salva situaţia.

Înainte ca el să poată reacţiona, am spus: „Îi ceri tatălui tău să deschidă borcanul. Nu cred că poate". Tatăl lui Emily, Jim, s-a uitat la mine cu un zâmbet încurcat. Am clătinat încet din cap şi am zâmbit vag. Mi-aş fi dorit să-i pot face o remarcă mai sinceră lui Emily în legătură cu capacităţile de desfăcut capace ale tatălui ei, dar, din dorinţa mea neclintită de a-l convinge pe Jim să nu facă ce i se cerea, mi-a scăpat o mică minciună nevinovată. Jim a ţinut borcanul în mână, dar nu l-a deschis, deşi îmi dădeam seama cât de tare-şi doreşte să facă asta.

În acel moment, pusesem doi adulţi să acţioneze contrar propriilor instincte când ar fi dorit să ajute câte un copil şi mă găseam într-o situaţie precară. Dacă acest experiment nu se încheia în mod fericit, urma să se spargă totul în capul meu. Dar am fost uşurată văzând că Emily, la fel cum se întâmplase şi cu Jenna mai devreme, nu era deloc deranjată. Părea surprinsă de felul în care se comportau adulţii, dar deloc descurajată. A încercat să deşurubeze capacul borcanului pe care i-l ţinea tatăl ei. Apoi mi-a adus mie borcanul.

Gestul lui Emily m-a liniştit, pentru că, deşi încă mă simţeam ca şi cum aş fi fost personajul negativ din clasă, mi-am amintit ce spunea Magda Gerber: dacă un copil mic îţi dă ceva înseamnă că are încredere în tine. „Vrei să ţin eu borcanul?“ am întrebat.

În timp ce eu ţineam borcanul, Emily a mai încercat o dată să deşurubeze capacul. „Încerci să deschizi borcanul. E greu de deschis.“ Apoi am atins *discret* marginea capacului dinspre mine cu degetul mare şi am slăbit-o foarte puţin. Când a încercat din nou, Emily a reuşit să deşurubeze încet capacul şi să deschidă borcanul. Mi-a aruncat o privire triumfătoare, iar eu i-am spus zâmbind: „L-ai deschis“. După câteva clipe, Emily a pus la loc capacul şi apoi l-a deschis singură din nou.

Copiii au nevoie să le oferim ocazia să-şi rezolve problemele singuri. Părinţii pot crea (în loc să-i priveze pe copii de) această ocazie rezistând impulsului automat de „a deschide borcanul“.

Da, este împotriva instinctului nostru să ne înfrânăm tendinţa de a ajuta un copil! Dar, atunci când ajutăm un copil să facă un lucru pe care ar putea să-l facă şi singur, îl lipsim de o experienţă crucială de învăţare şi până la urmă nu-l ajutăm deloc.

Copiii cred că adulţii au puteri magice şi că pot face orice. Atunci când intervenim în fiecare luptă pe care o duce copilul şi-i rezolvăm toate problemele, îi întărim această părere. Dar dacă părinţii şi cei care au în grijă un copil au încredere în capacităţile acestuia şi dacă-l pot lăsa să-şi dea singur seama de ceea ce are de făcut şi chiar să se confrunte cu frustrarea şi „eşecul“, atunci copilul ne va arăta că este, într-adevăr, capabil de mult mai multe lucruri decât ne putem noi imagina.

14

Puterea terapeutică a jocului

Cel mai grăitor exemplu de joc terapeutic pe care l-am auzit vreodată a fost o poveste împărtășită de Magda Gerber. Fusese invitată să viziteze o creșă și, în timp ce făcea turul sălii de joacă împreună cu directoarea creșei, a observat că unul dintre copii avea o lingură în mână și o îndrepta spre fundul unei păpuși-bebe.

Directoarea a observat și ea și l-a corectat pe băiețel: „Nu, trebuie dusă la gură". I-a arătat luându-i lingura și îndreptând-o spre gura păpușii-bebe. Când ea s-a întors la discuția cu Magda, și băiețelul a revenit la ceea ce făcea înainte. Din nou, directoarea s-a oprit și l-a corectat.

Era după-amiază târziu și începuseră să sosească părinții. Mama băiețelului a ajuns printre primii. Ea și-a luat în brațe băiețelul și, în drum spre ieșire, s-a oprit să-i spună directoarei: „Am uitat să vă spun azi-dimineață că bietului Johnny a trebuit să i se facă ieri o clismă la doctor. Nu i-a plăcut *deloc*".

O mulțime de studii demonstrează uluitoarele beneficii ale jocului și, după cum ilustrează experiența Magdei, unul dintre cele mai profunde este folosirea lui ca instrument natural și puternic de autoterapie. Copiii folosesc în mod instinctiv jocul ca să facă față stresului exercitat de mediu și ca să-și rezolve conflictele interioare. Terapia prin joc îi ajută să înțeleagă întâmplări derutante și supărătoare la care poate că au fost expuși, le diminuează îngrijorarea sau teama. Este cu deosebire valabil pentru primii ani de viață ai copiilor, de dinainte ca ei să-și poată verbaliza emoțiile. Copiii își exteriorizează prin joacă, „interpretând" emoțiile care-i tulbură, atunci când nu ne pot spune care este problema sau nu ne pot întreba: „Ce-i asta?" sau „De ce?" Ca să încurajezi terapia prin joacă:

1. Renunță la judecăți, așteptări și planuri de joacă. Lasă joaca să-i aparțină copilului. În loc să te amesteci (așa cum a făcut directoarea din exemplul Magdei), lasă-ți copilul să fie dramaturg, regizor și actor în rolul principal atunci când se joacă. Limitează-te la a asigura decorul, creând un mediu sigur, plin de posibilități, cu jucării și obiecte simple, multifuncționale, în care copilul tău să poată explora și experimenta. Apoi lasă-l să deranjeze totul și să reamenajeze după bunul său plac. Nu-l întrerupe niciodată dacă nu este absolut necesar.

2. Ieșiți în aer liber ori de câte ori este posibil. Creează-i un spațiu de joacă sigur, îngrădit, în aer liber, cu un scaun și o masă în apropiere unde să te poți relaxa (și poate chiar să lucrezi un pic) în timp ce bebelușul tău se bucură de beneficiile terapeutice ale aerului curat și ale naturii. Atunci când vă permite vremea, mută-ți viața în aer liber. Copilul tău va dormi mai bine, se va juca mai bine și chiar va mânca mai bine. După cum remarca o prietenă de-a mea la un moment dat, „mâncarea are gust mai bun în aer liber".

3. Încurajează-i obiceiul de joacă autodirijată. Bebelușii au o înclinație naturală către joacă și o adoră, dar depinde de noi să-și creeze acest obicei – să-l transforme într-o parte foarte importantă a zilei pentru ei. Bebelușii foarte mici pot să ne comunice (și vor face asta) când vor să fie luați în brațe, dar este aproape imposibil pentru un copil de doar câteva luni să ne indice: „Mi-aș dori să am un pic de timp în care să mă mișc în voie și să fac ce vreau eu". Iar cheia terapiei prin joc este chiar *să fac ce vreau eu.*

Începe prin a așeza bebelușul pe spate și a-i observa reacția. Dacă pare nemulțumit, spune-i că-l auzi, întreabă-l ce nevoie are și dacă vrea să fie luat în brațe. Nu i-o lua tu înainte. Uneori, la fel ca noi toți, un bebeluș vrea doar să-l ascultăm și să încercăm să-l înțelegem.

Episoadele scurte de „joacă" de acest gen, în care bebelușul tău ar putea să se uite în jur, să se întindă și să se răsucească, să experimenteze ca să vadă cum îi funcționează membrele și să-și studieze fascinat mâinile, se vor transforma în perioade mai lungi. Joaca autodirijată a bebelușului tău va deveni curând cel mai important moment al zilei voastre împreună.

4. Privește, învață și apreciază. În cele mai multe cazuri, jocul terapeutic este mult mai puțin evident decât în exemplul cu băiețelul și lingura, mai ales atunci când copiii încă nu știu să vorbească. De obicei, nu-l putem detecta. Ne întrebăm la ce s-ar putea gândi copiii noștri, sau dacă se gândesc la ceva. Și răspunsul va rămâne un mister.

Dar, pentru că însăși nașterea este stresantă, chiar și cei mai mici dintre copii pot avea probleme pe care trebuie să le depășească. Dacă ne ascuțim capacitatea de observație, putem detecta exemplele mai subtile.

De curând, la un curs, o fetiţă de 16 luni a făcut un lucru pe care nu-l mai văzusem până atunci. Devenise de curând soră mai mare şi trebuia să stea despărţită de mama ei timp de câteva zile, din cauza unor complicaţii din timpul naşterii. În sala de joacă RIE avem un rând de trei cutii mari din lemn. Una dintre ele are un mic orificiu rotund decupat în partea de sus. Această fetiţă a luat cea mai mare păpuşă bebeluş şi a reuşit s-o îndese prin orificiu – ceea ce n-a fost uşor. Totuşi, a făcut asta iar, şi iar, şi iar.

Hmmm...

15

7 mituri care descurajează joaca independentă

Valoarea jocului dirijat de copil este universal recunoscută și reprezintă unul dintre puținele aspecte ale educării copiilor în legătură cu care experții și liderii de opinie cad de acord. Joaca independentă are ca rezultat copii foarte inventivi și care se mențin ocupați în mod plăcut, ceea ce la rândul său are ca rezultat părinți mai fericiți și mai calmi. Și este ceva natural - dorința și capacitatea de a crea jocuri sunt înnăscute. Așadar, ce ar putea să meargă rău?

Părinții îmi împărtășesc deseori greutățile pe care le au când încearcă să transforme joaca independentă într-un obicei pentru copiii lor. Îmi spun că bebelușii lor plâng atunci când sunt lăsați din brațe, copiii mici nu vor să se joace decât dacă se joacă și părinții cu ei, iar preșcolarii au constant nevoie de distracție și de îndrumări.

Cele mai multe dintre aceste probleme au ca sursă concepții greșite des întâlnite în legătură cu joaca independentă (și eu le-am avut cândva pe toate):

Mitul #1 legat de joacă: Bebeluşii nu pot face mare lucru.

„Copilăria timpurie este o perioadă de mare dependenţă. Cu toate acestea, bebeluşii ar trebui să fie lăsaţi să facă singuri anumite lucruri, încă de la început."

– MAGDA GERBER

Poate că cea mai frapantă diferenţă dintre abordarea bazată pe blândeţe a Magdei Gerber şi alte metodologii de educare a copiilor este dezacordul ei faţă de percepţia comună asupra bebeluşilor ca fiinţe neajutorate. Bebeluşii sunt cu siguranţă dependenţi, considera ea, dar nu neajutoraţi. Ea şi mentorul ei, dr. Emmi Pikler, îi priveau chiar şi pe cei mai mici dintre bebeluşi ca pe nişte autodidacţi, capabili să iniţieze jocuri şi activităţi de explorare, să experimenteze situaţii în care ei să conducă, să se implice în mod direct în mediul lor şi să participe la parteneriate de comunicare de la o minte la alta cu cei care-i au în grijă.

Cercetări asupra creierului întreprinse de psihologi precum Alison Gopnik, Elizabeth Spelke şi Paul Bloom au confirmat concepţiile lui Gerber şi Pikler (în sfârşit). S-a demonstrat acum că bebeluşii sunt fiinţe inteligente.

Dar acest bebeluş capabil, competent, nu se potriveşte deloc cu bebeluşul mai pasiv, mai neajutorat, descris de dr. William Sears, de influenta scriitoare Jean Leidloff şi de alţii. În modelul lor popular bazat pe practici străvechi, bebeluşii sunt dependenţi de distracţia şi de educaţia pe care le-o asigură cei care-i au în grijă şi au nevoie aproape neîntreruptă de contact fizic ca să se simtă conectaţi. Punctul central al acestei abordări este să purtăm bebelușul cu noi cea mai mare parte din zi.

Formarea obiceiului de a se juca liber necesită o percepţie şi un punct de interes foarte diferite – crearea unui spaţiu de joacă sigur şi încrederea că bebeluşul va iniţia activităţi independente şi valoroase. Bineînţeles, bebeluşii au nevoie de multă atenţie, să fie ţinuţi în braţe şi alintaţi, dar, conform modelului lui Gerber, au nevoie și de joacă. Ea a remarcat că bebelușii pot indica foarte clar când vor să fie ţinuţi în braţe, dar că nu se pot bucura de joaca independentă decât din momentul în care *noi credem* că au ceva de făcut.

Mitul #2 legat de joacă: Dacă un bebeluș plânge când este lăsat din braţe înseamnă că nu-i place să se joace. Cel mai bun mod în care bebelușii pot începe să se joace liber este stând întinși pe spate, pentru că aceasta este poziţia în care au cea mai mare libertate, autonomie şi mobilitate (încearcă şi tu să stai pe burtă şi apoi pe spate, şi vei înţelege singur).

Când părinţii îmi spun că bebeluşul lor plânge imediat ce este aşezat pe spate, de obicei plânsul se întâmplă dintr-unul dintre următoarele motive:

a) **Bebeluşul este lăsat jos brusc sau fără să i se adreseze niciun cuvânt.** Bebeluşii capabili (dependenţi, mai degrabă decât neajutoraţi) sunt persoane complete și trebuie să fie partenerii noștri de comunicare. Ei au nevoie să-i ascultăm şi să le vorbim cu respect despre ce urmează să li se întâmple. „Acum am să te aşez pe pătură ca să te joci." Apoi să presupunem că bebeluşul plânge. „Ah, nu erai pregătit?" Atunci părintele ar putea să se întindă alături de bebeluş şi să-l mângâie. „A fost prea rapid pentru tine? Sunt aici, alături de tine."

Dacă plânsul continuă, bebelușul trebuie ridicat, dar poate să rămână la părinte în poală până se liniștește și începe să se simtă suficient de confortabil în mediul în care se află ca să încerce din nou să se joace.

b) Bebelușul este obișnuit să fie purtat în brațe, sprijinit sau așezat într-o anumită poziție. Copiii mici se adaptează ușor, dar de obicei preferă să facă lucrurile pe care sunt obișnuiți să le facă. În această lume cu totul nouă, este de înțeles că bebelușii tânjesc după lucrurile familiare și-și dezvoltă repede obiceiuri. Obiceiuri cum ar fi să fie purtați în brațe sau așezați în capul oaselor par deseori să devină „nevoile" copilului, chiar dacă aceste nevoi au fost create de fapt de opțiunile părinților.

Dezvoltarea obiceiului de joacă liberă este de asemenea o opțiune. Ea funcționează cel mai bine atunci când părinții fac din asta o prioritate, transformând joaca neîntreruptă în punctul central al „timpului liber" de care dispune un bebeluș între perioadele de somn, mesele pe care i le servim cu atenție și schimbatul scutecului.

Dacă părinții vor să facă tranziția de la purtatul bebelușilor sau sprijinitul lor ca să stea în șezut la joacă independentă, secretul este să introducă noua experiență treptat și dând dovadă de înțelegere, comunicând sincer („Asta-i altceva, nu-i așa?) și având răbdare.

c) Părintele lasă bebelușul din brațe și pleacă imediat. Nimănui nu-i place să fie părăsit. Părinții trebuie de obicei să înceapă joaca așezându-se pe podea cu bebelușul în brațe și să rămână acolo o vreme după ce lasă bebelușul jos. Dacă se hotărăște să plece, părintele trebuie să-i spună bebelușului, altfel încrederea în părinte (și în joacă) va fi subminată.

Mitul #3 legat de joacă: Joaca înseamnă „a face" ceva. De multe ori, joaca cea mai intensă și mai productivă nu pare prea mare lucru, pentru că presupune a face ceva pe îndelete, a-ți imagina, a visa cu ochii deschiși, a vedea lucrurile în ansamblu. Ca să încurajăm acest gen de joacă, trebuie: în primul rând, s-o apreciem; în al doilea rând, s-o observăm; și, în cele din urmă, să n-o întrerupem. Secretul pentru a nu întrerupe joaca este să ne abținem de la a vorbi cu copiii până când inițiază ei contactul vizual.

(Adnotare: Bebelușii ocupați cu ceva plăcut nu se simt neglijați pentru că adulții nu-i bagă în seamă – chiar dacă au trecut mai multe minute. Ei știu foarte bine cum să ceară atenție. Ai încredere în bebelușul tău.)

Mitul #4 legat de joacă: Zonele de joacă împrejmuite sunt niște închisori restrictive. Un spațiu sigur este esențial pentru a favoriza joaca independentă. Bebelușii liberi să se deplaseze, care-și urmează peste tot părinții, chiar și în casa cea mai adecvat amenajată pentru bebeluși, nu se concentrează la fel asupra jocului și nici nu se simt atât de liberi cum se simt bebelușii din spații sigure. Joaca independentă necesită un loc în care să nu fie cazul să spunem „nu" și un părinte relaxat, plin de încredere, care stă pe loc în special ca să reprezinte baza sigură de care au nevoie micii exploratori.

Mitul #5 legat de joacă: Joaca independentă înseamnă să ne lăsăm copiii singuri. Unul dintre numeroasele avantaje ale jocului independent este faptul că, odată ce este inițiat într-un spațiu sigur, de obicei părinții își pot lăsa singur copilul mulțumit și ocupat, pentru perioade scurte, în timp ce ei fac treburile casnice, se duc la baie, își verifică e-mailul etc.

Dar cea mai prețioasă joacă dirijată de copil are loc atunci când învățăm un nou mod de a ne bucura de joaca împreună cu copiii noștri, un mod care presupune mai ales să observăm și să reacționăm doar la nevoie, mai puțin să participăm activ. Este firesc să ne dorim să interacționăm, dar părintele care participă are tendința să preia inițiativa. Cu cât ne jucăm mai mult, cu atât copilul se lasă mai mult condus de noi în loc să creeze și să inițieze singur planuri.

Părinții mă întreabă deseori ce pot face ca să-i dezvețe pe copiii mai mari de dependențele legate de joacă pe care chiar ei le-au creat fără să-și dea seama. În general, acest proces presupune în primul rând să ne credem copilul capabil și să considerăm postura de „a nu avea nimic de făcut" (și frustrarea copilului nostru în legătură cu asta) ca fiind perfect acceptabilă. Apoi ne relaxăm, rămânem pe loc și lăsăm copilul să se hotărască să exploreze și să se întoarcă la noi.

Mitul #6 legat de joacă: Când copiii devin frustrați sau cer ajutor, ar trebui să rezolvăm problema în locul lor. Oricât de tentant ar fi să salvăm situația pentru copiii noștri, fiindcă nouă nu ne ia decât două secunde, îi încurajăm mult mai mult atunci când lăsăm frustrarea să-și urmeze cursul, le oferim sprijin verbal, nu ne mai gândim la rezultate (din moment ce oricum copiilor nu le pasă de ele la fel de mult ca nouă) și poate îi ajutăm într-o foarte mică măsură, în așa fel încât copiii să facă mult mai mult decât noi.

Când copiii vă cer ajutor, reflectaţi şi apoi puneţi-le întrebări: „Deci vrei să desenezi un câine? Ce fel de urechi vrei să aibă câinele? A, din acelea ascuţite? Arată-mi ce vrei să spui". Aţi putea recurge şi la varianta de a lăsa copilul să vă mişte mâna în timp ce voi ţineţi creionul, dar faceţi tot posibilul să lăsaţi copilul să conducă jocul, chiar dacă asta înseamnă că unele activităţi vor rămâne neterminate.

Mitul #7 legat de joacă: Este sarcina noastră să ne distrăm copiii şi să ne jucăm cu ei. Cu siguranţă că există ceva adevăr în această afirmaţie. Apropierea de copiii noştri prin distracţie este una dintre sarcinile noastre, dar, dacă i-am încurajat pe copii să le placă joaca independentă, momentele de joacă împreună ni se vor părea rareori o corvoadă, mai ales odată ce am descoperit bucuria de a ne asuma rolul secundar şi a ne lăsa copilul să conducă.

Pe măsură ce au crescut copiii mei, o invitaţie la joacă din partea lor a devenit o plăcere atât de rară şi de preţioasă, încât pentru asta pot să renunţ cu drag la orice aş avea de făcut. De fapt, dacă stau să mă gândesc mai bine, de multe ori eu sunt cea care face invitaţia!

16

Cum să-i cultivăm bebeluşului nostru obiceiuri alimentare sănătoase

Dacă suntem ceea ce mâncăm, atunci nu suntem şi produsul *felului* în care mâncăm?

Ca proaspeţi părinţi ocupaţi, ne concentrăm de obicei în primul rând pe aspectele tehnice ale alăptatului sau ale hrănirii cu biberonul, apoi pe detaliile complicate ale introducerii hranei solide: când să începem, cu care alimente, în ce ordine, în ce cantităţi şi cum să le asigurăm cea mai bună nutriţie.

Dar cei mai mulţi dintre noi sperăm şi să le cultivăm comportamente alimentare sănătoase copiilor noştri. Vrem să facem tot ce ne stă în putinţă să prevenim tulburările de alimentaţie, obezitatea infantilă, carenţa de vitamine şi chiar şi problemele mai subtile cu care ne luptăm noi, părinţii, cum ar fi impulsul de a mânca prea mult sau de a mânca din motive emoţionale.

Oamenii sunt fiinţe supuse obiceiului, iar primii ani din viaţa unui copil sunt de departe perioada în care ne este cel mai uşor să formăm nişte obiceiuri sănătoase. Iată câteva sugestii cu privire la hrănire din partea specialistei în comportamentul bebeluşilor Magda Gerber, care ajută la deprinderea comportamentelor alimentare sănătoase:

Relaxează-te, bucură-te de momentele de hrănire la sân sau cu biberonul. Transformă ora mesei într-un timp petrecut împreună fără stres, în intimitate, acordându-vă atenţie vouă înşivă. Pregăteşte terenul pentru mesele în familie transformând mesele bebeluşului în momente de intimitate şi de socializare. Atunci când închidem telefonul, computerul, televizorul şi nu lăsăm nimic să ne distragă de la a face din ora mesei un moment dedicat doar hrănirii, le aducem bebeluşilor noştri beneficii în mai multe sensuri:

a) Bebeluşii îşi reîncarcă bateriile când primesc atenţie şi tandreţe în timp ce sunt hrăniţi la sân sau cu biberonul, ca să se poată bucura apoi de timpul de joacă independentă.

b) Ei învaţă că masa este un moment în care să fie prezenţi din punct de vedere mental, nu să ignore experienţa, aşa cum ar învăţa de la un părinte distrat.

c) Mai presus de toate, bebeluşul nostru simte că este respectat şi apreciat atunci când nu doar că este hrănit, ci este invitat să participe activ la o experienţă de hrănire împreună cu noi.

Am stat de vorbă recent cu o mamă care nu credea că ar trebui să-i dea atenţie fiului ei în timp ce-l alăptează, pentru că de fiecare dată când îi vorbea, el se oprea din supt. Mi-am spus: *ce băiat politicos, să se oprească din supt ca să asculte ce-i spune mama lui!* Mie mi s-a părut că îşi dă toată silinţa să participe şi el la comunicare.

Fii pe fază şi ai grijă să nu-i dai să mănânce prea mult. Atenţia pe care i-o acordăm bebeluşului nostru în timp ce-l hrănim îl ajută să-și dezvolte semnalele interne care-l atenționează când este sătul. Un studiu recent prezentat în *ScienceDaily.com*[1] a ajuns la concluzia că putem fi mai ușor „pe fază“ în ceea ce-i privește pe bebelușii noștri atunci când îi hrănim la sân, deoarece, după cum susține cercetătoarea Katherine F. Isselmann, specializată în domeniul sănătății publice, „...atunci când alăptează bebelușii, mamele nu au cum să măsoare în grame cât a mâncat bebelușul, așa că se pot obișnui să fie pe fază când acesta s-a săturat, iar bebelușii își pot forma propriile semnale interne care să-i atenționeze când sunt sătui“.

Același studiu a comparat un grup de copii de vârstă preșcolară care fuseseră alăptați cu un alt grup de copii, care fuseseră hrăniți tot cu lapte de sân, dar cu biberonul, și a tras concluzia că primii, care fuseseră hrăniți la sân, puteau să-și dea seama mai ușor când se săturau. Aveau, de asemenea, un indice de masă corporală (IMC) mai mic decât cei hrăniți cu biberonul.

Dacă hrănim un bebeluș cu biberonul, trebuie să facem un efort susținut ca să fim pe fază la semnalele pe care le transmite el și să ne concentrăm mai puțin la numărul de grame din biberon.

Fii atentă la hrănitul folosit ca rutină de alinare. Dacă hrănim un copil atunci când plânge din alte motive decât de foame, sau dacă-l recompensăm sau îl consolăm cu mâncare, îi putem crea dependențe – o pantă periculoasă. În mod ideal, acestea sunt excepții, nu regula.

Tot timpul îi învățăm câte ceva pe copiii noștri, și cea mai sigură lecție pe care o pot învăța ei despre mâncare este să mănânce când le e foame și să bea când le e sete.

---

[1] Website american care publică rezultate ale unor studii științifice (n. tr.).

Porții mici și fără „încă o îmbucătură“. Atunci când introducem alimentele solide, Magda Gerber a sugerat să punem o cantitate mică de mâncare în castronelul bebelușului (cu un castron mai mare în apropiere), în așa fel încât, în loc să se simtă copleșit de prea multă mâncare, bebelușul să ne poată da de înțeles dacă vrea mai mult.

Ne dorim să putem avea încredere în bebelușii noștri în ceea ce privește pofta de mâncare, să știm că ne vor indica dorința de a mânca deschizând gura atunci când le aducem în față o îmbucătură sau o lingură cu mâncare. Dacă-i ademenim cu „uite, vine avionul“ sau „încă o îmbucătură“, putem transforma mâncatul într-un lucru pe care bebelușii îl fac ca să ne fie nouă pe plac. Asta poate încuraja mâncatul excesiv sau poate face ca mâncatul să devină o luptă pentru putere.

Ca să-i dai și mai multe ocazii de a participa în mod activ când mănâncă, oferă-i bebelușului o lingură în plus ca să poată exersa. Dar atunci când exercițiul devine „joacă cu mâncarea“, descurajează-l cu blândețe.

Mâncatul fără scăunel pentru bebeluși. Scaunele speciale sunt considerate un element de bază în îngrijirea bebelușilor, dar Magda ne-a învățat o abordare unică a hrănirii bebelușilor, fără aceste scaune. Metoda Magdei favorizează intimitatea în timpul hrănirii și încurajează independența bebelușului nostru.

Pe scurt: dacă alimentele solide sunt introduse înainte ca un bebeluș să poată sta în șezut bine și autonom – adică nu sprijinit sau așezat de cineva, ci capabil să ajungă de unul singur și cu ușurință în poziția șezând –, bebelușul este hrănit în timp ce stă așezat în brațele părintelui, în poala acestuia, la masă.

Apoi, când bebelușul poate sta ușor și în mod independent, puteți face trecerea la o masă mică (precum o tavă pentru servit micul dejun la pat, dar cu picioare, un taburet din lemn cu blatul drept, una dintre minunatele măsuțe în formă de rinichi pe care le folosim la cursurile de parenting RIE sau una pe care o puteți face tu și talentatul tâmplar care este soțul tău). Bebelușul stă pe podea, iar mai târziu, pe un mic taburet sau un scăunel, în timp ce tu stai de cealaltă parte a măsuței.

Copiilor mici le place la nebunie senzația de independență pe care o au atunci când pot sta cu picioarele pe podea. Ei apreciază și libertatea de a pleca de la masă ca să indice că au terminat de mâncat, în loc să aștepte să fie luați din scăunelul pentru bebeluși.

(Te rog să te uiți la filmulețul de pe YouTube în care se face o asemenea demonstrație: *Babies With Table Manners at RIE*[1]).

Fără mâncat „din mers". Stai jos cât timp mănânci, oriunde și oricând. Statul jos când mâncăm, chiar dacă este vorba doar despre o gustare luată pe un petic de iarbă din parc, ajută la prevenirea înecării cu mâncare și încurajează mâncatul relaxat, atent. Este și o dovadă de bune maniere, mai ales când suntem în vizită acasă la altcineva (care s-ar putea să nu fie încântat să vadă o dâră de firimituri de biscuiți pe covorul lui).

Să-i cerem unui bebeluș să stea jos cât timp mănâncă este o primă limită de comportament înțeleaptă pe care o impunem. Nu te lăsa păcălită de copilașul tău să umbli

[1] Bebeluși manierați la masă la RIE (n. tr.).

după el cu mâncarea în mână. Când le este foame, bebeluşii şi copiii mici sunt perfect capabili să stea jos dacă le arătăm clar şi cu consecvenţă că asta aşteptăm de la ei.

Mâncatul în timp ce se joacă, joaca în timp ce mănâncă. Ajută-ţi copilul să înveţe să separe activităţile, ca să poată să-şi delimiteze momentele în care ia masa sau o gustare ca perioade în care trebuie să se concentreze asupra mâncării. O cale este să-i ceri copilului să stea jos (în loc să se cocoaţe pe vreo structură de căţărat) în timp ce mănâncă; o altă cale este să ţii jucăriile departe de masă. Roagă-ţi copilaşul să-şi lase jucăriile până când termină de mâncat.

Nu-ţi face griji. Bebeluşii, mai ales când devin copii mici, nu mănâncă întotdeauna aşa cum ne aşteptăm noi, de aceea e uşor să ne îngrijorăm atunci când copilul nostru pare că nu mănâncă suficient, mai ales dacă nu ia în greutate cum ar fi normal. Bineînţeles că trebuie să ţinem legătura cu medicul bebeluşului, să avem în vedere eventuale alergii, boli sau probleme digestive. Dar încearcă să fii calmă cât mănâncă bebeluşul. El îţi simte tensiunea, ceea ce poate să facă mâncatul şi mai greu pentru el pe termen scurt şi poate chiar să determine probleme pe termen lung.

Fii un exemplu de mâncat sănătos. Ştim că ar trebui să-i învăţăm pe copiii noştri nu numai prin vorbe, ci şi prin fapte, dar fir-ar să fie, ne place să mâncăm stând în picioare şi umblând de colo colo. Acesta este încă un exemplu de situaţie în care bebeluşii noştri ne fac mai buni.

Doar bebelușul nostru își poate cunoaște pofta de mâncare. Așa că obiectivul nostru ar putea fi să-l încurajăm să rămână în consonanță cu burtica lui, să și-o asculte și să aibă încredere în ea. Și dacă-și stabilește obiceiuri alimentare sănătoase în acești primi ani esențiali în formarea lui... mai târziu putem să ne relaxăm cu toții.

17

Cele mai bune moduri de a încuraja copiii mici să vorbească

În primul rând, hai să lămurim un lucru care sper că va aduce uşurare: încurajarea copiilor să vorbească *nu* înseamnă să trăncănim neîncetat ca să-i expunem la cât mai multe cuvinte posibil (unii experţi consideră că numărul magic este 30.000 până la vârsta de trei ani).

Dacă primeşti acest sfat, nu-l urma, pentru că nici bebeluşul tău nu-l va urma.

Sincer, îţi poţi închipui ceva mai sâcâitor decât o persoană care sporovăieşte doar de dragul de a sporovăi? Chiar şi bebeluşii noştri iubitori, spectatori captivaţi cum sunt, se vor deconecta la un moment dat (pentru că nu ne pot cere să ne oprim).

Pe de altă parte, este adevărat că încurajarea dezvoltării limbajului are legătură cu calitatea și cu cantitatea cuvintelor pe care le spunem. Vestea bună este că și una, și alta vin în mod firesc atunci când ne percepem bebelușii ca pe niște persoane complete – comunicatori capabili, gata să fie informaţi despre evenimentele din viaţa lor și împărtășindu-ne, la rându-le, gândurile și trăirile lor.

Înțelege acest adevăr simplu, interacționează firesc și avem primele lecții de vorbire asigurate. Iată câteva detalii:

1. Comunicare în ambele sensuri de la bun început. Din momentul în care se nasc, bebelușii noștri trebuie să știe nu doar că le spunem ce se întâmplă („Acum am să te iau în brațe“), ci și că suntem atenți la semnalele lor non-verbale și că ascultăm sunetele pe care le scot și plânsetele. Dacă nu suntem siguri, așteptăm înainte de a reacționa. Întrebăm, îi dăm copilului timp să înțeleagă întrebarea noastră și ascultăm din nou. Facem toate eforturile să înțelegem ce ne comunică bebelușii noștri.

Nu vom avea întotdeauna succes chiar de la început, dar ne vom descurca tot mai bine cu fiecare încercare. Între timp, copiii înțeleg mesajul nostru extrem de important: „Vrem să ne spuneți ce nevoie aveți și ce simțiți. Credem că sunteți capabili să comunicați cu noi, iar noi vom face tot ce ne stă în putință să vă înțelegem“.

Acest lucru este esențial. Doar noi putem să deschidem această poartă și să primim cu brațele deschise comunicarea bebelușului nostru.

2. Folosește-ți vocea normală și vorbește la persoana întâi. Multe dintre noi cred în folosirea „limbii mămicilor“, așa că-mi dau seama că este o chestiune controversată, dar iată ce am constatat... Dacă le vorbim bebelușilor noștri cu vocea noastră obișnuită, autentică (dar un pic mai lent), acest lucru ne amintește că vorbim cu o persoană în toată puterea cuvântului. Este mai ușor și mai puțin probabil să dea dureri de cap (știu asta, pentru că vorbesc cu câinele meu în limba mămicilor). Le oferim bebelușilor un model de ton și de vorbire naturală pe care vrem să le adopte. Cu cât aud mai mult limba vorbită în mod adecvat, cu atât mai curând o vor învăța și vor încerca s-o vorbească.

Copiii simt de la o poștă lipsa de autenticitate. Dintre copiii pe care-i cunosc, cei neobișnuiți să li se vorbească în limba mămicilor simt că nu sunt respectați și că li se vorbește de sus atunci când adulții li se adresează astfel.

Folosirea persoanei întâi în loc să spunem „Mami îl iubește pe Johnny" pare un detaliu minor, dar este încă un mod de a ne aminti să vorbim cu bebelușul nostru ca de la persoană la persoană. De ce să vorbim altfel cu un bebeluș sau cu un copil mic care este absorbit de procesul de învățare a limbii noastre decât cu un copil mai mare sau cu un adult? Din punctul meu de vedere n-are niciun sens.

Nu te îndoi nicio clipă că bebelușii știu cine sunt mami, tati și Johnny. Nu au nevoie să li se amintească neîncetat. De asemenea, copiii înțeleg și folosesc pronumele mai devreme atunci când li se oferă modele în acest sens.

3. Vorbește-i bebelușului despre lucruri adevărate, semnificative. Cu alte cuvinte, în loc să-l înveți cuvinte, *folosește*-le. Să ții în mână o minge, să i-o arăți și să spui „minge" este mult mai puțin eficient decât să comentezi în context pe marginea unei întâmplări relevante (prin urmare și semnificative). „Te-ai dus tocmai până la mingea roșie și ai atins-o, apoi ea s-a rostogolit mai departe."

Ca noi toți, și bebelușii învață cel mai bine atunci când le pasă, iar în exemplul de mai sus bebelușului probabil că i-ar păsa de legătura lui cu cuvintele „dus", „minge roșie", „atins", „rostogolit" și „departe". Iată deja șase cuvinte, dar cine stă să le numere (în afară de experți...)?

Notă: Nu sugerez să povestești încontinuu în timp ce se joacă bebelușul. Cel mai bun mod de a aprecia dacă este sau nu cazul să comentăm în timp ce copilul nostru este angajat într-o activitate este să așteptăm să ne comunice dacă este interesat de reacția noastră, lucru pe care copiii îl fac de obicei uitându-se la noi.

4. Citește-i cărți și spune-i povești într-un mod receptiv. Să citim cărți în mod receptiv înseamnă să renunțăm la orice plan și să urmărim interesul copilului. Lasă bebelușul sau copilul mic să rămână la aceeași pagină chiar și cinci minute dacă așa vrea și vorbește-i despre tot ce vedeți acolo. Lasă-l să sară pagini, să se uite la carte cu susul în jos și să *nu* termine povestea (sau să nu se uite deloc la carte) dacă așa preferă. Încurajăm dragostea pentru cărți atunci când avem încredere în interesul copilului nostru și când îi permitem să dirijeze chiar el activitatea de citit. Iar copiii care iubesc cărțile iubesc și folosesc limbajul.

Dacă ești genul creativ (așa cum eu de obicei nu sunt la sfârșitul zilei), spune-i povești. N-am să uit niciodată poveștile pe care mi le spunea tata despre Mary și câinele ei, Zip. De fapt, nu-mi amintesc nimic clar din poveștile propriu-zise, dar îmi plăcea la nebunie atenția pe care o primeam de la tatăl meu.

5. Ia-o mai încet. Tot timpul uit asta. Când avem copii mici, ar trebui să ne punem prin toată casa afișe cu „Ia-o mai încet“. Sunt atâtea motive întemeiate să încetinim ritmul când suntem în preajma copiilor, mai ales când vine vorba de limbaj. Când încetinim ritmul, copiii pot să asculte și să înțeleagă.

6. Relaxează-te și ai răbdare. Grijile părinților sunt de obicei simțite de copiii mici și nu creează climatul ideal pentru a face pași importanți în sensul dezvoltării. E nevoie de curaj ca să vorbești. Relaxează-te, ai răbdare și ai încredere în ritmul natural al copilului tău. Mulți părinți răbdători pe care-i cunosc au asistat la apariția peste noapte a abilităților verbale ale copilului lor – o „explozie" a limbajului.

Dacă ți se pare că micuțul tău manifestă întârzieri în înțelegerea limbajului sau este atipic în unele compartimente ale dezvoltării, solicită evaluarea unui specialist.

7. Nu testa. Mai presus de orice, copiii noștri au nevoie de încrederea noastră ca să poată începe să vorbească (sau să facă orice altceva, la urma urmei). Când îi testăm, nu le arătăm nici încredere, nici respect. Regula empirică a Magdei Gerber era: „Nu le pune copiilor o întrebare la care știi răspunsul". Cu alte cuvinte, o întrebare de genul: „Unde ți-e nasul?"

Oricât de încântați am fi să împărtășim modul adorabil în care copilașul nostru pronunță ultimele cuvinte pe care le-a învățat („Spune «broască» pentru bunica, Johnny!"), presiunea pe care o simt copiii mici când îi punem să dea o reprezentație îi poate face să refuze să vorbească.

8. Gânguritul este o formă de vorbire. Bebelușii sau copiii mici, atunci când par să vorbească pe limba lor, de obicei spun cuvinte, așa că dacă-i ignorăm sau gângurim la rândul nostru nu le arătăm respect și nici nu-i încurajăm, cum am face dacă le-am spune: „Îmi spui ceva. Îmi spui că tocmai a trecut o pisică pe aici?" Sau: „Azi ai multe de spus".

Fereşte-te de aceşti factori descurajatori pentru dezvoltarea limbajului: corectarea şi invalidarea.

Corectarea: Când încearcă să folosească limbajul, copiii au tendinţa de a pronunţa „greşit“ denumiri de culori, animale şi alte lucruri, iar adulţii au tendinţa să corecteze aceste greşeli. Nu face asta. Este inutil şi demobilizator. Cu răbdare şi cu modele din partea noastră, copiii mici vor începe destul de curând să facă diferenţa între câini şi urşi, roşu şi portocaliu etc.

În *Learning All the Time*[1], John Holt explică: „Atunci când învaţă pentru prima oară să vorbească, copiii folosesc deseori denumirea unui obiect referindu-se la o clasă întreagă de obiecte asemănătoare“.

Cu alte cuvinte, când un copil mic numeşte orice animal „câine“ nu înseamnă că nu face diferenţa, aşa că a-l corecta este inutil, nejustificat şi, fără îndoială, lipsit de respect.

Holt face următoarea analogie: „Dacă ai avea în vizită o persoană distinsă din altă ţară, nu i-ai corecta fiecare greşeală pe care o face când vorbeşte în limba ta, oricât de mult şi-ar dori s-o înveţe, pentru că ar fi nepoliticos. Nu ne gândim că lipsa de politeţe sau de consideraţie s-ar putea aplica şi la situaţiile în care avem de-a face cu copii foarte mici. Dar se aplică“.

Invalidarea gândurilor şi a emoţiilor: Să zicem că fetiţa ta îţi cere (în felul ei unic) să-i schimbi scutecul, dar tu verifici şi nu este ud. Sau poate că băieţelul tău spune „memene“ şi tu ştii că-i place pepenele, dar tocmai a mâncat. În loc să

[1] Învăţând tot timpul (n. tr.).

răspunzi în mod reflex: „Nu e nevoie să-ţi schimb scutecul" sau „N-are cum să-ţi fie foame, tocmai ai mâncat", acceptă şi validează comunicarea fără să judeci câtuşi de puţin.

„Ah, spui că vrei să-ţi schimb scutecul?" (Aşteaptă un răspuns.) „Da? Păi, te înţeleg că vrei să facem asta din nou. Este plăcut să petrecem timpul împreună în felul acesta. Dar ai scutecul uscat, aşa că nu-l vom schimba chiar acum. Poate peste câteva minute."

„Te gândeşti la pepene?" (Aşteaptă un răspuns.) „Ţi-e foame de pepene? (Aşteaptă.) A, nu ţi-e foame? Îţi place să spui «pepene»? E distractiv să spui cuvântul ăsta, nu-i aşa?"

Când ascultăm şi respectăm aceste încercări timpurii de a comunica, copiii se simt încurajaţi să continue să vorbească. Ei vor simţi că urechile noastre primesc cu bucurie chiar şi gândurile, emoţiile şi ideile lor cele mai nedesluşite. Şi avem cele mai mari şanse să devenim şi să rămânem confidenţii lor preferaţi mulţi ani din acel moment înainte.

18

Stimularea creativității: cum am învățat să tac

Cu ani în urmă, fiica mea, pe atunci în vârstă de doi ani și jumătate, vopsea ouă de Paști. Pusese un ou în vasul cu vopsea mov și se pregătea s-o amestece cu vopsea galbenă, când am oprit-o. „S-ar putea să nu-ți placă felul cum se vor combina aceste culori", am avertizat-o. Încăpățânată cum a fost dintotdeauna, n-a ținut seama de ce i-am zis și s-a apucat să amestece culorile, iar eu mă așteptam ca rezultatul să fie o nuanță de gri murdar ca un covor bun de aruncat.

Spre surprinderea mea, oul ei vopsit a ieșit nespus de frumos. Nuanța lui de verde-maroniu luminos nu semăna cu nimic din ce mai văzusem vreodată, era superbă, întrecea orice paletă de culori. Și când te gândești că felul meu conformist de a vopsi ouăle de Paști ar fi putut să-i curme existența!

Întrebarea „ce-a fost mai întâi, oul sau găina?" va rămâne întotdeauna un mister. Dar sunt convinsă că dacă „oul" reprezintă strădaniile creative ale copilului, atunci încrederea părintelui trebuie să existe înaintea oului. Încrederea în instinctele copilului este cheia către încurajarea accesului liber la puterea lui de creație.

Creativitatea există în noi toţi. Nu se poate învăţa. Nu se găseşte în vreo trusă de lucru manual, la un curs de dans pentru copii mici sau într-o serie de idei strălucite ale unui părinte. Sclipirile de creativitate apar uneori aparent din senin şi de cele mai multe ori când ne aşteptăm cel mai puţin. Ele îşi urmează cursul mai lin când nu sunt dirijate şi, cu siguranţă, când nu sunt judecate.

Mie îmi vin ideile creative după câteva minute de alergare, când mintea mea poate să hoinărească. Uneori îmi vin la duş, sau în starea de vis pe jumătate în care mă cufund dimineaţa după ce mă trezesc, dar înainte ca autocritica să apuce să dea buzna cu ce-i bine, ce-i rău şi cu neîncrederea în mine însămi.

Cât timp suntem bebeluşi, căile de comunicare cu puterea noastră de creaţie sunt clare. Ne încurajăm copiii să menţină aceste căi accesibile prin faptul că avem răbdare, acceptăm, le asigurăm timp din plin pentru joacă în voie şi posibilitatea de a alege şi, mai presus de toate, ne abţinem de la a-i dirija, de la a-i judeca fie în sens pozitiv, fie în sens negativ (ambele sunt percepute ca o judecată de către copii) sau de la a interveni altcumva cu ajutorul nostru bine intenţionat.

Bev Bos, specialistă în educaţia copiilor mici şi cunoscută conferenţiară, îi îndemna pe adulţi: „Nu desenaţi niciodată în locul copilului". Sfatul ei se extinde şi la pictură, sculptură, meşteşuguri, la construcţia turnurilor din cuburi sau a castelelor de nisip, la crearea de poveşti sau la orice altceva de ordin artistic sau creativ.

Când îi arătăm unui copil cum să facă aceste lucruri, intenţia noastră este de-a încuraja dezvoltarea creativităţii, dar de fapt o împiedicăm, arătându-i copilului nostru cum e „corect". Facem copilul să se îndoiască de capacităţile sale şi stimulăm dependența copilului nostru de alții care să-i spună ce este „corect" sau „bun". Geniul artistic al unui Picasso în devenire va persevera și va trece peste influența noastră, dar nu ne dorim să descurajăm niciun copil de la a experimenta și de la beneficiile terapeutice ale marii varietăți de manifestări creative pe care le are la dispoziție.

Creativitatea este ceva firesc, dar avem nevoie de curaj ca să ne urmăm intuiția și să ne-o exprimăm. Ori de câte ori scriu și public ceva nou, am impresia că fac un salt din avion. Curajul creativ înseamnă să aducem o rază de lumină în bezna plictiselii imaginând o nouă activitate, sau îndrăznind să completăm un spațiu liber cu cuvintele sau imaginile noastre. Înseamnă să desenăm o fată care stă în pat și „care se visează călărind un elefant", așa cum a făcut o fetiță de trei ani pe care o cunosc, chiar dacă nimeni altcineva nu a înțeles asta (dar dacă te uitai cu atenție îți dădeai seama că așa este).

Einstein a spus cândva: „Cred în intuiție și în inspirație... Uneori simt că sigur am dreptate, deși nu cunosc motivul". Copiii se nasc cu această convingere, dar sunt ușor deturnați de neîncrederea noastră în judecata și în capacitățile lor.

Trebuie să fim vigilenți și conștienți de puternicul instinct al copiilor noștri de a ne face pe plac dacă vrem ca ei să aibă în continuare încredere în acea voce din interior. Unii dintre noi trebuie să învețe să tacă (așa cum am făcut eu), în așa fel încât copiii noștri să poată continua să asculte.

19

„Cronica sportivă" a dificultăţilor copilului tău

A relata ca un cronicar sportiv (sau „a vorbi ca la radio") este sintagma pe care a adoptat-o Magda Gerber pentru a descrie verbalizarea „doar a evenimentelor", fără judecăţi, sfătuindu-i pe părinţi s-o folosească pentru a-i susţine pe bebeluşi şi pe copiii mici când se luptă să-şi dezvolte noi deprinderi. „Cronicarii sportivi" nu judecă, nu remediază, nu fac de ruşine, nu învinovăţesc şi nici nu se implică emoţional. Doar au grijă de copii, observă şi formulează în cuvinte ceea ce văd, lăsându-le copiilor la dispoziţie spaţiul de care au nevoie ca să lupte în continuare până când fie rezolvă problema, fie se hotărăsc să renunţe şi să treacă la altceva.

„Te străduieşti foarte tare să potriveşti piesa aceea de puzzle. Pari frustrat."

„Savannah, tu ai avut ursuleţul şi acum este la Ally. Amândouă vreţi să-l ţineţi. Savannah încearcă să-l ia înapoi... Ally, nu-ţi dau voie să loveşti."

„Încerci să cobori de pe treapta aceea. O să am eu grijă de tine. N-o să te las să cazi."

Iată cinci beneficii ale „cronicii sportive“:

1. Când noi facem mai puţin, copiii gândesc şi învaţă mai mult. În mod surprinzător, aceste minicomentarii sunt de multe ori tot ce le trebuie copiilor ca să persevereze când au sarcini dificile şi ca să-şi rezolve conflictele cu fraţii lor sau cu alţi copii. Când este nevoie de mai mult ajutor, putem face trecerea către forma de „interviu“, punând cu calm întrebări deschise precum: „Amândoi vreţi mingea. Ce poţi face?“

Dacă dificultăţile persistă şi spiritele se încing, am putea strecura o sugestie, două, cum ar fi: „Ai observat că mai este o minge în coşul acela?“ Sau: „Ai putea încerca să cobori mai întâi cu un picior de pe treaptă“.

Dacă problema este legată de joaca fizică dintre doi (sau mai mulţi) copii şi unul dintre copii pare îngrijorat, putem verifica întrebându-l: „Este totul în regulă?“ Dacă dă de înţeles că nu, am putea sugera: „Poţi să spui «nu» şi să pleci“ (şi apoi încheiem cu blândeţe acţiunea, dacă este necesar).

Mai puţin înseamnă întotdeauna mai mult.

Cursurile de îndrumare pentru părinţii de copii mici se încheie când cei mici împlinesc doi ani, dar una dintre grupele la care predau a hotărât să rămână şi pe parcursul celui de-al treilea an al copiilor, aşa că am avut ocazia unică de a exersa cronica sportivă cu nişte copilaşi ceva mai mari. Pentru că aceşti copii vorbesc mai bine decât cei sub doi ani, am reuşit să-mi şlefuiesc talentele de a lua „interviuri“

şi am rămas uluită să văd cât de bine funcţionează încă această abordare. (Se înţelege, aceşti copii sunt avantajaţi pentru că au urmat cursurile RIE şi s-au obişnuit să-şi rezolve problemele cu o intervenţie minimă din exterior.)

Când copiii se luptă pentru o jucărie, fac „cronica sportivă" şi apoi întreb:

– Laura, ce aveai de gând să faci cu maşina aceea?

– Vreau să o cobor pe rampă.

– Jake, pari necăjit. *Tu* ce vrei să faci cu maşina?

El arată că vrea să plimbe maşina pe perete.

– Aha, Jake vrea să plimbe maşina pe perete. Hmm. Ce puteţi face voi doi?

Spre surprinderea mea, de multe ori tot ce le trebuie acestor copii de trei ani ca să-şi rezolve conflictul este să le ceri să se gândească ce-şi doresc şi să-şi exprime dorinţele. Copiii ajung să hotărască fie să facă activităţile împreună, fie să se joace pe rând şi celălalt să privească, fie să renunţe şi să treacă la altceva, din proprie iniţiativă.

Tentaţia de a conduce, a dirija sau a rezolva problemele este mare, dar, dacă reuşim să ne controlăm aceste impulsuri, copiii vor învăţa mult mai mult şi-şi vor întări încrederea.

2. Încrederea mobilizează. „Cronica sportivă" este instrumentul nostru de minimă intervenţie în conflict, dar cel mai mobilizator, pentru că transmite multă încredere în copiii noştri. Folosind metoda „cronicii sportive" le comunicăm, în esenţă: „Sunt aici şi te susţin, dar am încredere că te poţi descurca în această situaţie".

„Cronicarii sportivi" nu se tem de emoţiile normale pentru vârsta la care se află copiii: abandon, frustrare, dezamăgire şi furie. Le validează cu răbdare şi pe acestea: „Eşti încă foarte dezamăgit în legătură cu turnul pe care-l construiai. E foarte supărător că s-a prăbuşit".

Lăsăm lucrurile să se întâmple, oricare ar fi ele, şi în loc să le creăm copiilor o dependenţă inutilă de adulţi ca să le remedieze problemele, le cultivăm perseverenţa şi încrederea în sine.

3. Acest mod de abordare ne aminteşte să nu judecăm şi să nu ţinem partea cuiva. „Cronica sportivă" ne ţine în frâu tendinţele naturale de a judeca sau de a face proiecţii. Acest lucru este esenţial, pentru că ori de câte ori judecăm un copil şi/sau comportamentul lui, generăm ruşine, vină şi distanţă, ceea ce ne deteriorează legătura, subminează învăţarea şi încrederea în sine.

Sunt atât de atentă ca nu cumva să proiectez o problemă acolo unde ea nu există sau să fac copiii de ruşine, încât nu-mi place nici măcar să folosesc verbul „a lua". Pentru mine, există o diferenţă subtilă, dar importantă, între „Ai avut jucăria aceea şi acum e la Tommy" şi „Tommy *a luat* jucăria de la tine".

Copiii definesc de multe ori noţiunile de „joacă", „distracţie" şi „probleme" foarte diferit de cum le definesc adulţii. N-am să uit niciodată *singura ocazie* în care am încercat să-i iau apărarea fiului meu când era (din câte mi se părea mie) ţinta unei rafale verbale neîndurătoare şi exagerate din partea surorii lui mai mari. Mi-a făcut semn către uşă, indicându-mi „să nu mă bag". Nu este vreun masochist, aşa că nu pot decât să presupun că i se părea distractiv.

Prin „cronica sportivă" le confirmăm copiilor că acceptăm situaţia aşa cum este, ceea ce ne ajută să ne menţinem ochii şi mintea deschise.

4. Îi încurajează pe copii să nu se identifice ca agresori sau victime. Unul dintre cele mai mari dezavantaje ale reacţiilor prin care protejăm excesiv copiii, îi facem de ruşine sau luăm partea unuia dintre ei este faptul că aceştia pot rămâne blocaţi în rolurile de victimă/agresor care le-au fost atribuite, fără să ne dăm seama, chiar de noi. Agresorii se cred răi şi egoişti. Victimele se simt slabe şi lipsite de putere. Şi unii, şi alţii cred că depind de intervenţia adulţilor ca să rezolve problemele în locul lor.

5. Le asigură copiilor o înţelegere mai clară a situaţiilor, îi ajută să înveţe să vorbească, le dezvoltă inteligenţa socială şi emoţională. Prin „cronica sportivă" facilităm învăţarea prin experimentare, care este cea mai bună, cea mai relevantă şi cea mai profundă formă de educaţie.

În anumite cazuri, „cronica sportivă" *nu* este suficientă şi s-ar putea ca părintele sau persoana în grija căreia se află copilul să fie nevoit să intervină. De exemplu:

a) Probleme de siguranţă – întotdeauna, prioritatea noastră numărul unu.
b) Modele de comportament turbulent sau distructiv. Copiii au nevoie să li se amintească ferm, dar cu blândeţe, să nu ia întruna orice jucărie din mâna altui copil etc.
c) Copiilor care se concentrează asupra unui proiect ar trebui să li se protejeze munca, pe cât posibil.

Dar, chiar dacă nu ajungem la timp ca să împiedicăm un copil să strice proiectul altuia, tot ar trebui să facem „cronica sportivă“ și interviul.

La fel ca toate practicile optime de îngrijire a copilului, „cronica sportivă“ funcţionează pentru că se bazează pe încrederea în capacităţile înnăscute ale copilului nostru – și pe faptul că noi ne dăm la o parte pentru ca el să se mobilizeze și să le folosească.

20

Copiii mici şi împărţitul (cuvântul cu „î")

Este repetat pe toate terenurile de joacă și impus în parc, la petreceri şi la întâlnirile de joacă. Este un cuvânt care a devenit mantra socială a părinţilor şi a copiilor mici de pretutindeni: Împarte!

Toţi ne dorim cu disperare să avem copii care să împartă. Împărţitul este vital. Viitorul lumii depinde de spiritul de generozitate al copiilor noştri. Ne temem că, dacă nu le amintim să împartă, copiii noştri ar putea deveni niște paria egoiști și zgârciţi. Sau poate că noi vom fi judecaţi ca fiind părinţi indulgenţi, nechibzuiţi și prost crescuţi.

Adevărul despre copiii mici este că ei încă nu înţeleg noţiunea de a împărţi, iar preocupările noastre de părinţi transformă „a împărţi" într-un cuvânt-problemă. Avem tendinţa de a-l folosi nepotrivit. Spunem „Împarte", dar de fapt vrem să spunem „Dă-i ce ai tu altui copil".

De ce ar vrea un copil să împartă camionul lui roșu când asta ar însemna să renunţe la el în favoarea altcuiva?

Copiii mici vor ceea ce văd. „Al meu" poate însemna fie „îl văd", fie „îl vreau", fie „îl folosesc". Ideea de posesie – că mama sau tata a cumpărat un obiect de la magazin şi că acum este al lui – nu este înţeleasă pe deplin de un copil mic.

Este o situaţie obişnuită la cursurile RIE pentru părinţi/bebeluşi ca doi copii să-şi dorească aceeaşi jucărie. Datul şi luatul jucăriilor încep deseori ca un gest social, o încercare timpurie a bebeluşului de a iniţia o interacţiune cu un alt bebeluş. Copiii pot părea că se luptă pentru o jucărie, însă, cu un pic de răbdare şi observaţie obiectivă, ne dăm seama de obicei că este vorba despre foarte puţin stres, dar foarte multă curiozitate.

Pentru cazul în care un copil are o reacţie de dezamăgire faţă de acest schimb, Magda i-a sfătuit pe cei care au copii în grijă să facă o „cronică sportivă" în loc de a interveni. Cum am explicat mai sus, a face o „cronică sportivă" înseamnă a confirma interacţiunile copiilor într-o manieră neutră, fără a da vreodată vina pe cineva. Copiii se calmează de cele mai multe ori atunci când simt că un adult îi înţelege. Am putea spune, de exemplu: „Rex, tu ţineai în mână maşina, iar acum este la Sophie". Sau: „Și tu, şi Sophie vreţi jucăria aceea".

În Ţara Copiilor Mici nu există agresori sau victime, ci numai copii care învaţă experimentând comportamente sociale.

Atunci când au ocazii în care să socializeze neîntrerupt, bebeluşii şi copiii mici vor încerca diferite variante. Să renunţe şi să-l lase pe celălalt copil să ia jucăria? Ce se întâmplă dacă o ţine strâns? Dacă împart sau oferă ceva altui copil, cum reacţionează acel copil?

După cum ne amintea Magda în cartea *Your Self-Confident Baby*: „Lecţiile învăţate pe cont propriu, fie despre a împărţi, fie despre voinţa de a nu renunţa, ne rămân în minte mai multă vreme".

Copiii demonstrează de multe ori că, de fapt, ceea ce-i interesează este interacţiunea cu alt copil, nu jucăria în sine. Acest lucru este evident atunci când există la îndemână mai multe exemplare din acelaşi obiect, şi totuşi copiii sunt interesaţi doar de cel pe care şi-l doreşte şi celălalt. Curând după ce conflictul s-a încheiat, jucăria este de obicei abandonată, n-o mai vrea nimeni. Este mai bine să lăsăm copiii să rezolve aceste situaţii singuri, atâta timp cât adulţii se asigură că nu se lovesc sau se rănesc cumva.

Cu mulţi ani în urmă, am avut ocazia să mă conving de inutilitatea intervenţiei adulţilor în lupta pentru putere dintre copiii mici când am dus-o pe fiica mea să se joace acasă la prietena ei. Amândouă fetele voiau o păpuşă anume. Plină de bunăvoinţă, mama celeilalte fete nu suporta să le vadă certându-se, aşa că i-a oferit fiicei mele o jucărie la schimb, o ţestoasă de pluş. Bineînţeles, atunci amândouă fetele au vrut ţestoasa, aşa că mama a adus altceva. Le-a adus fetelor alte şi alte jucării, iar ele au continuat să se certe pe fiecare jucărie nouă. În cele din urmă, după lacrimi şi ţipete, fetele au pus capăt rivalităţii, au abandonat toate jucăriile şi au ieşit în curte să se joace, fiind din nou prietene.

Deci cum îl învăţăm pe copil să împartă cu ceilalţi?

1. Oferă-i modele de generozitate. De exemplu, spunându-i unui copil: „Întinzi mâna spre biscuiţii mei. Poftim, am să-i împart cu tine“. Sau: „Hai să împărţim această umbrelă“.

2. Când copilul nostru dovedeşte generozitate, o validăm. „A fost frumos din partea ta să împarţi cuburile acelea cu Robert.“

3. Mai presus de toate, trebuie să avem răbdare și încredere în copilul nostru că va învăța să împartă, cu timpul.

Niciun părinte nu se simte confortabil când copilul său ia de la altul, nu renunță la jucării pe care vrea să le folosească și altul sau pare necăjit pentru că alt copil nu vrea să împartă cu el. Dar aceste situații par de obicei mult mai grave din punctul nostru de vedere decât din punctul de vedere al copilului nostru.

Când intervenim inutil într-un conflict insistând ca un copil să împartă, îl privăm de o experiență de învățare socială. Când insistăm să împartă înainte ca el să înțeleagă cu adevărat ce înseamnă asta, riscăm să transformăm „a împărți“ într-un cuvânt detestat.

Un copil împarte atunci când începe să simtă empatie față de ceilalți, empatie pentru care a primit un model prin răbdarea și încrederea părintelui în el.

21

Problema cu antrenamentul la oliță

Cele mai multe sfaturi pe care le aud în legătură cu antrenamentul pentru oliţă sunt dezamăgitoare, ca să nu zic mai rău. De obicei se concentrează pe „ponturi şi şmecherii“ fără tevatură și promit rezultate în timp record.

N-ar trebui să dovedim un pic de respect?

Antrenamentul la oliţă nu este un lucru pe care *i-l facem* unui copil sau pe care i-l cerem copilului ca să ne facă nouă pe plac. Copiii nu au nevoie să fie manipulaţi cu bunătăţi sau cu recompense. Este un proces natural care e cel mai bine să fie dirijat în întregime de copil, cu sprijinul nostru.

Da, îi înţeleg pe părinţii care au îndoieli, care sunt îngrijoraţi și nerăbdători să vadă că antrenamentul la oliţă are succes, chiar dacă este un lucru pe care fiecare copil normal şi sănătos îl realizează în cele din urmă. Dar putem stârni împotrivire, neîncredere şi chiar rușine atunci când împingem de la spate copilul să meargă la oliţă înainte de a fi pregătit.

Una dintre probleme este cuvântul „antrenament“, care ne dă impresia că trebuie să acţionăm anticipativ într-un proces care ar fi cel mai indicat să se desfăşoare în mod natural. Atunci când sunt pregătiţi, copiii se antrenează singuri. Dacă avem răbdare şi creăm atmosfera de acceptare de care are nevoie copilul nostru ca să iniţieze tranziţia de la scutece la toaletă, el îşi va însuşi uşor această deprindere şi va căpăta senzaţia de autonomie pe care o merită. Cheia e momentul în care copiii sunt pregătiți – din punct de vedere fizic, cognitiv şi emoţional.

Din punct de vedere fizic: trebuie să aibă control muscular asupra vezicii urinare şi a intestinelor.

Din punct de vedere cognitiv: trebuie să fie pe deplin conştienţi de ceea ce trebuie să facă.

Din punct de vedere emoţional: trebuie să fie pregătiţi din punct de vedere emoţional să renunţe la o situaţie cu care sunt obişnuiţi şi în care se simt confortabil (urinarea şi defecarea într-un scutec ori de câte ori simt nevoia).

Pentru momentul în care va fi gata copilul, părinţii pregătesc terenul începând de după naştere, atunci când fac din schimbatul scutecelor un moment plăcut, de cooperare, petrecut împreună, şi respectă bebeluşul încetinind ritmul şi vorbindu-i pe tot parcursul procesului.

Când copilul începe să dea semne că ar fi pregătit pentru mersul la oliţă (îţi dă de ştire că a urinat; vrea să-i schimbi scutecul imediat; începe să-ţi spună *înainte* de a urina), ar putea fi momentul să aibă o oliţă la îndemână. Apoi toată lumea din preajma copilului este sfătuită să se abţină de la a-i cere să folosească oliţa sau de la a-l cicăli în vreun fel.

Unii copii sunt foarte sensibili la insistenţele în acest sens, iar reacţiile lor pot fi extreme, mergând până acolo încât să nu mai defecheze câteva zile sau să aibă nevoie să poarte scutec ca să-şi stimuleze tranzitul intestinal, chiar şi ani întregi după ce se presupune că „s-au antrenat".

Am văzut cazuri în care copiii începeau să se împotrivească atunci când părinţii îi împingeau de la spate să folosească oliţa, iar relaţia de împotrivire continua şi în alte direcţii, până la maturitate. Părinţii trebuie să fie prudenţi când au de-a face cu probleme legate de mersul la toaletă.

Cel mai sigur este să ne relaxăm, să ne păstrăm răbdarea şi să lăsăm copilul să ne spună de fiecare dată când vrea să meargă singur la toaletă. Procesul de autoantrenare poate dura săptămâni, chiar luni întregi. Factorii perturbatori din viaţa copilului (apariţia unui frăţior, mutarea în altă casă, călătoriile) îl pot determina să dea înapoi, chiar şi după ce îl credeam complet antrenat. În asemenea cazuri, cel mai bine este să te laşi în voia curentului şi să păstrezi nişte scutece sau chiloţi absorbanţi mult timp după ce antrenamentul pare încheiat.

Încrederea în copilul nostru are beneficii pentru toată lumea. Copilul se mândreşte cu autonomia sa proaspăt descoperită şi îi creşte încrederea în sine. Primind din partea noastră asigurarea că avem încredere în ei, îşi pot păstra motivaţia intrinsecă. La urma urmei, dacă trebuie să ne controlăm funcţiile fiziologice ca să le facem pe plac părinţilor, mai poate ceva să ne aparţină vreodată cu adevărat?

22

Nu există copii răi – despre educarea cu respect a copiilor mici, fără pedepse și rușine

Nu este nimic rușinos la un copilaș care strigă sau e foarte agitat. Iar comportamentul său nu este unul ce trebuie pedepsit. Plânge sau strigă pentru că vrea atenție, țipă pentru că vrea să doarmă sau simte nevoia unor limite mai ferme și mai consecvente. Acest tip de comportament al copilului reprezintă strategia lui de a-și testa independența aflată în proces de dezvoltare rapidă. Copilul simte impulsul copleșitor de a încălca limitele, în același timp dorindu-și cu disperare să știe că este în siguranță.

Nu se pune problema că disciplina nu ar fi necesară la copii. Așa cum spunea Magda Gerber, „lipsa disciplinei nu este bunătate, este neglijență". Cheia pentru o educare sănătoasă și eficientă este atitudinea noastră.

Vârsta mică este perioada ideală pentru perfecționarea unor abilități de *parenting* care vor avea ca rezultat autoritatea sinceră, directă și plină de empatie pe care se vor baza copiii noștri în anii următori. Iată câteva sugestii:

1. Începeţi cu un mediu previzibil şi cu aşteptări realiste. O rutină zilnică previzibilă îi permite bebeluşului să anticipeze ceea ce se aşteaptă de la el. Acesta este începutul educării copilului. Locul ideal în care bebeluşii şi copiii mici ar trebui să-și petreacă cea mai mare parte a timpului este acasă. Bineînţeles, trebuie să-i luăm uneori cu noi la cumpărături, dar nu ne putem aştepta la cel mai bun comportament din partea unui copil mic la petreceri, lungi după-amiezi la mall sau atunci când zilele lui sunt pline de activităţi programate.

2. Nu vă temeţi şi nu luaţi personal comportamentul inadecvat. Când un copil mic nu respectă regulile la orele mele, părinţii se tem că aş putea crede despre el că este obraznic, agresiv sau prost-crescut. Atunci când părinţii își proiectează aceste temeri, copiii vor tinde să le valideze, comportându-se și mai rău. Mai mult, copiii simt încordarea părinţilor, ceea ce adesea le potențează comportamentul inadecvat.

În loc să etichetaţi acţiunea unui copil, învăţaţi să o opriți încă de la început, vorbind pe un ton detașat. Dacă vă aruncă o minge în faţă, încercaţi să nu vă enervaţi. Copilul nu este rău şi nu face asta pentru că nu v-ar iubi. Vă solicită (în felul lui de copil mic) limitele de care are nevoie, limite pe care, poate, nu le-ați fixat cu fermitate.

3. Răspundeţi imediat, cu calm, ca un director general. E nevoie de ceva exerciţiu pentru a găsi tonul potrivit în procesul de stabilire a limitelor. În ultimul timp, i-am încurajat pe părinţii cărora le e greu să-și păstreze calmul să se imagineze ca directori de companie, iar pe copilul lor să și-l imagineze ca pe un subaltern respectat. Directorul îi îndrumă și îi conduce pe ceilalți eficient și cu încredere. Nu folosește un ton nesigur, întrebător, nu se înfurie și nu își arată emoțiile. Copilul nostru trebuie să simtă că nu suntem neliniștiți din cauza comportamentului său ori nesiguri în privința stabilirii unor reguli. Se simte confortabil atunci când ne manifestăm autoritatea fără efort.

Predicile, reacțiile emoționale, mustrările și pedepsele nu îi oferă copilului mic reprezentarea clară de care are nevoie și pot genera vinovăție sau rușine. Un simplu „Nu ai voie să faci asta; dacă mai arunci mingea o dată, va trebui să ți-o iau" spus pe un ton natural în timp ce blocăm acțiunea cu mâinile este răspunsul cel mai bun. Dar reacționați imediat. Dacă a trecut momentul, e prea târziu. Așteptați-l pe următorul!

4. Vorbiți la persoana întâi. Părinții au adesea obiceiul să se numească pe ei înșiși „mami" și „tati". La vârsta copilăriei mici, ca și mai târziu, trebuie să vorbiți la persoana întâi pentru comunicarea cea mai directă și mai sinceră cu putință. Copiii mici testează limitele pentru a-și clarifica regulile. Dacă eu spun „Mami nu vrea ca Emma să dea în cățel", nu-i ofer copilului meu interacțiunea directă („tu" și „eu") de care are nevoie.

5. Fără pauze cu trimis în camera lui. Mă gândesc mereu la Magda, care întreba cu accentul ei maghiar de bunicuță: „Pauză de la ce? Pauză de la viață?". Magda credea în limbajul direct și sincer în dialogul dintre părinte și copil. Nu credea în trucuri cum ar fi să trimiți un copil în camera lui, în special pentru a-i controla comportamentul sau pentru a-l pedepsi.

Dacă un copil se comportă inadecvat într-o situație publică, el ne semnalează, de obicei, că este obosit, că își pierde controlul și că trebuie să plece. A duce în brațe copilul la mașină pentru a pleca acasă, chiar dacă țipă și dă din picioare, este o metodă de a rezolva problema care îi arată celui mic că îl înțelegem și îl respectăm. Uneori, copilul are accese de furie acasă și trebuie dus în camera lui ca să dea din mâini și din picioare și să plângă în prezența noastră până când își recapătă controlul. Acestea nu sunt pedepse, ci reacţii afectuoase.

6. Consecinţele. Un copil mic învaţă cel mai bine cum trebuie să se poarte atunci când simte pe pielea lui consecinţele naturale ale comportamentului său, mai degrabă decât în urma unei pedepse lipsite de legătură cu situația respectivă, cum ar fi trimisul în camera lui. Dacă un copil aruncă în toate părțile ce are în farfurie, ora lui de masă s-a terminat. Dacă un copil refuză să se îmbrace, nu vom putea merge în parc astăzi. Aceste reacţii ale părinților sunt percepute de copil ca fiind drepte. E posibil să reacţioneze negativ în continuare în faţa consecinţei, dar nu se va simţi manipulat sau făcut de rușine.

7. Nu pedepsiţi copilul pentru că plânge. Copiii au nevoie de reguli de conduită, dar reacţiile lor emoţionale la limitele impuse de noi (sau la orice altceva) trebuie permise, chiar încurajate. Vârsta copilăriei mici poate fi o perioadă a emoțiilor intense, contradictorii. Copiii pot avea nevoie să-și exprime furia, frustrarea, confuzia, epuizarea și dezamăgirea, mai ales în cazul în care nu primesc ceea ce-și doresc din cauza limitelor impuse de noi. Un copil are nevoie de libertatea de a-și exprima în siguranţă emoţiile fără a fi judecat. Poate avea nevoie de o pernă în care să dea cu pumnul. Oferiți-i una.

8. Iubirea noastră trebuie să fie necondiţionată. A-i retrage unui copil afecţiunea noastră ca formă de disciplinare îi induce acestuia ideea că dragostea şi sprijinul nostru pot dispărea imediat din cauza unui efemer comportament inadecvat. Cum poate aşa ceva să-i creeze copilului senzaţia că se află în siguranţă? Articolul lui Alfie Kohn intitulat „When a Parent's «I Love You» Means «Do What I Say»“[1], publicat în *The New York Times,* descrie cât rău poate face genul acesta de *parenting* condiţionat prin care copilul ajunge să fie supărat pe părinţii lui, să-şi piardă încrederea în ei şi să nu-i mai placă. Retragerea afecţiunii părinteşti îl face pe copil să simtă că nu e bun de nimic, să fie copleşit de vinovăţie şi ruşine.

9. Plesnitul - NICIODATĂ! Ceea ce dăunează cel mai mult unei relaţii de încredere sunt palmele date copilului. Obiceiul de a plesni copilul va avea ca rezultat comportamente violente ale acestuia. Un articol din revista *Time* semnat de Alice Park („The Long-Term Effects of Spanking“[2]) prezintă un studiu recent ale cărui concluzii sunt „dovada cea mai clară de până acum că palmele primite îi pot face pe copii să se comporte şi mai nepotrivit pe termen lung. Dintre cei aproape 2 500 de copii studiaţi, cei care au fost plesniţi mai des la vârsta de trei ani reacţionau cel mai agresiv la vârsta de cinci ani“.

Este imposibil să-i provoci intenţionat, dar în acelaşi timp cu dragoste, durere unui copil. Din păcate, în multe familii în care copilul e lovit des, el învaţă să le asocieze pe cele două.

---

[1] *Când un părinte spune „te iubesc“, iar asta înseamnă „Fă cum îţi spun eu“* (n. tr.).

[2] Efectele pe termen lung ale plesnitului (n. tr.).

Să ne iubim copilul nu înseamnă să-l facem fericit în orice moment și să evităm luptele pentru putere. Adesea înseamnă să facem ceea ce ni se pare cel mai dificil: să spunem „Nu" și să vorbim serios.

Copiii noștri merită răspunsuri directe și sincere din partea noastră ca să poată înțelege binele și răul și ca să poată dezvolta o autodisciplină necesară pentru a-i respecta pe ceilalți și pentru a fi respectați. Așa cum scria Magda în *Dear Parent: Caring for Infants with Respect*[1], „obiectivul îl reprezintă disciplina internă, încrederea în sine și bucuria actului cooperării".

---

[1] *Dragă părinte. Îngrijirea cu respect a bebelușului* (n. tr.).

23

Dificultăţi în impunerea limitelor (Trei motive frecvente)

Unul dintre cele mai dezamăgitoare lucruri pe care le aud de la părinţii cu care mă consult este faptul că nu le place rolul de părinte, în special atunci când vine vorba de stabilirea limitelor, ceea ce devine o sursă de confuzie şi deseori de vină. Lucrul cel mai îngrijorător pentru ei este că simt că nici copiii lor nu sunt fericiţi. De obicei, asta se întâmplă pentru că şi unii, şi alţii sunt dezorientaţi de problema limitelor.

Aceştia sunt părinţi care nu vor fi niciodată nevoiţi să-şi facă griji că ar fi prea severi - pur şi simplu nu le stă în fire. La fel ca mine cu ani în urmă, ei sunt atraşi de abordarea Magdei Gerber asupra parentingului şi de recomandările ei de a respecta bebeluşii ca pe nişte persoane în toată puterea cuvântului, de a avea încredere în dezvoltarea lor bazată pe motivaţie intrinsecă şi de a le încuraja joaca liberă, autodirijată.

Încrederea, empatia şi dragostea necondiţionată par să vină de la sine în cazul părinţilor ca noi - limitele, însă, nu în aceeaşi măsură.

Ni se poate întâmpla uşor să devenim atât de preocupaţi de a le acorda copiilor noştri încredere şi libertate, încât să trecem cu vederea nevoia lor chiar şi mai acută de a simţi că au nişte rădăcini sigure. Prea multă libertate îi face de fapt pe copiii noştri să se simtă *lipsiţi* de libertate şi ei îşi exprimă de multe ori disconfortul printr-un comportament care forţează limitele.

Ca să se poată bucura de libertate adevărată şi de fericire, copiii au nevoie de lideri blânzi, dar fermi în privinţa regulilor casei şi a ceea ce se aşteaptă de la ei. Copiii au nevoie de un echilibru sănătos între libertate şi limite.

În activitatea mea cu părinţii din ultimii douăzeci de ani (şi în calitatea mea de părinte), am remarcat câteva dintre cele mai frecvente motive pentru care mulţi dintre noi au dificultăţi în a găsi acest echilibru:

Am prefera să nu ne supărăm copiii. Cui i-ar plăcea asta? Disconfortul pe care ni-l provoacă emoţiile puternice ale copiilor noştri este motivul numărul unu pentru care părinţii au dificultăţi în a trasa limite ferme şi ne poate face să punem sub semnul întrebării sau să ne îndoim de fiecare decizie pe care am lua-o.

Hmm, presupun că aş putea să-mi duc în braţe copilul de cinci ani pe stradă, deşi mă doare spatele.

De ce să nu-i dau pur şi simplu înapoi ceaşca albastră? Şi ce dacă ar ţipa: „Nu, vreau verde!" şi apoi s-ar răzgândi din nou? Sigur, sunt furioasă, dar ar fi atât de uşor să mai încerc o dată să-i fac pe plac.

Dacă tot nu mă grăbesc, aş putea, la urma urmei, să mai aştept încă un sfert de oră să se hotărască dacă este gata să se urce în scaunul lui auto.

Împotrivirea copiilor noștri, specifică vârstei lor, și reacțiile lor emoționale foarte intense la limitele pe care vrem să le impunem ne-ar putea face să ne simțim vinovați și îngrijorați, ar putea să ne epuizeze, să ne strice întreaga zi. Pentru ca impunerea limitelor să funcționeze și pentru ca părinții să se bucure (a se citi: să supraviețuiască) în anii copilăriei timpurii, adaptarea la dinamica de bază este esențială: stabilim cu încredere o limită. Copilul nostru își exprimă neplăcerea (ceea ce poate include frustrare, dezamăgire, tristețe, supărare, furie). Rămânem ancorați pe timpul acestei furtuni, recunoscând și acceptând cu răbdare nemulțumirea copilului nostru.

Copiii forțează de multe ori limitele impuse de noi pentru că știu intuitiv că au nevoie să simtă siguranța reacțiilor noastre calme, pline de încredere și să se elibereze de emoțiile neplăcute care mocnesc în interiorul lor. Faptul că noi le acceptăm aceste emoții le diminuează nevoia de a testa limitele și este unul dintre cele mai profunde moduri de a ne exprima dragostea. Ne vine ceva mai ușor dacă exersăm.

Sfaturi derutante. În ultima vreme, am fost dezamăgită de sfaturile pe care le citesc din partea experților în parenting modern, mai ales când îmi dau seama cât de înșelătoare, derutante și descurajante sunt aceste sugestii pentru părinții care-mi cer mie ajutorul. De exemplu:

a) *„Stabiliți-le limite copiilor doar dacă sunt necesare pentru siguranța lor."*

Aceasta este calea garantată către copii nesiguri și părinți nefericiți. Cum rămâne cu siguranța emoțională și liniștea sufletească – ușurarea de a ști că nu așteaptă nimeni de la noi să ţinem frâiele în mâini când avem doar doi ani? Şi asta înseamnă că părinţii nu au şi ei dreptul la propriile limite şi la a avea grijă de ei înşişi?

b) *„Nu stabiliţi limite pe care copiii le-ar putea percepe ca pedepse."*

Sugestia asta ne-ar putea face să ne punem întrebări cât e ziua de lungă, pentru că acţionează exact asupra îndoielilor şi a temerilor noastre de a nu ne supăra copiii. Ca părinţi plini de respect, loiali ideii de educare fără pedepse, trebuie să ne îngăduim să luăm deciziile pe care le considerăm cele mai potrivite pentru noi şi copiii noştri.

Da, este în regulă să plecăm în altă cameră când copilul nostru nu se mai opreşte din zbierat, chiar dacă pe el îl deranjează asta. Da, este în regulă să spunem cu sinceritate: „Nu vom putea pleca în parc până nu mă ajuţi să strângem jucăriile astea" sau „Te rog, vino să te speli pe dinţi, ca să mai avem timp de încă o carte" sau „Văd că vrei să te joci cu rufele împăturite, dar eu nu vreau să le împrăştii pe podea, aşa că am să iau coşul. Uite unul gol pe care-l poţi folosi".

Dacă hotărâm mai târziu că o decizie pe care am luat-o este nedreaptă sau nu este necesară, putem să ne cerem scuze oricând şi să ne răzgândim. Dar, ca să le insuflăm un sentiment de siguranţă copiilor noştri, trebuie să luăm aceste decizii pe un fond de putere, nu de ezitare. Pentru a fi lideri blânzi cu copii încrezători în sine, trebuie să avem mai întâi încredere în noi înşine.

c) *„Când copiii încalcă limitele, faceţi-i să râdă."*

Cred că e foarte dăunătoare sugestia să transformăm în joacă şi râsete furia (sau ceva mai rău) pe care o simţim când copiii încalcă limitele.

Da, exact asta ne sfătuiesc unii experţi în parenting să încercăm mai întâi, chiar ca reacţie la comportamente agresive din partea copiilor noştri, cum ar fi lovitul sau muşcatul. Îi găsesc atâtea neajunsuri acestui sfat, încât nici nu ştiu de unde să încep.

În primul rând, nu este benefic nici pentru noi, nici pentru copiii noştri să ne prostim şi să ne prefacem plini de voie bună când în realitate suntem nervoşi sau furioşi. N-ar trebui să fim modele de autenticitate? Şi asta nu cumva îi învaţă pe copii că emoţiile lor negative nu sunt în regulă? Ar trebui să râdă când sunt furioşi? În al doilea rând, ce se întâmplă dacă purtarea copiilor noştri ne enervează sau ne înfurie? Este acesta un moment oportun să ne hârjonim, să-i întărâtăm sau să scoatem limba la copiii noştri? Nu este, din experienţa mea.

Ironia face ca aceştia să fie experţii care ne recomandă să le permitem copiilor să-şi exprime emoţiile puternice, dar în loc să ajute la normalizarea acestei experienţe dificile pentru părinţi, sfatul lor este, în esenţă: „Lăsaţi-vă copiii să plângă doar în ultimă instanţă. Mai întâi cântaţi şi dansaţi şi faceţi-i să râdă dacă puteţi".

Ne temem că limitele impuse de noi i-ar putea strivi spiritul liber copilului nostru. În realitate, acest lucru are exact efectul invers. De-a lungul anilor, la cursurile mele, am lucrat cu mulţi părinţi care aveau dificultăţi în impunerea limitelor. În cele din urmă, când îşi dau seama de acest lucru şi fac schimbări, transformările care au loc în comportamentul şi în atitudinea copiilor lor sunt spectaculoase. Copii care înainte solicitau şi depindeau de atenţia părinţilor se arată dintr-odată capabili să înceteze a mai încerca să deţină controlul în fiecare situaţie în care sunt împreună cu părinţii sau cu alţi copii. Reuşesc să se concentreze la joacă, să socializeze cu ceilalţi copii, să ia parte la momentele când se ia gustarea, să se relaxeze suficient încât să poată râde și să-și exprime bucuria.

Aceasta este libertatea.

24

Ce crede copilul tău mic despre disciplină

Mi s-a spus că îi „înţeleg“ pe copiii mici (şi nimic n-ar putea fi un compliment mai mare pentru mine). Motivul poate fi că propria mea dezvoltare emoţională a fost parţial întreruptă când eram copil mic, din motive pe care încă nu le-am elucidat. Şi probabil mai există un motiv: că, după atâta timp pe care l-am petrecut observând copii mici, am început să mă identific cu ei.

Uneori, de exemplu, atunci când un părinte de la curs îi cere copilaşului său să nu mai arunce cu jucării, nici eu nu sunt convinsă de vorbele lui şi-mi vine să mă alătur copilului ca să aruncăm împreună jucării. Alteori, câte un copil care tocmai a ajuns la curs spune că vrea deja să plece. Simt nervozitatea copilaşului în timp ce părintele îşi spune „Of, acum ce mă fac?“ sau se teme să ia atitudine. Copilul va insista în acest sens până când părintele va spune cu hotărâre: „Înţeleg că vrei să pleci, dar nu vom merge nicăieri până nu se termină cursul“.

Dacă ar putea să ne împărtăşească gândurile lor despre disciplină, iată ce cred eu că ar spune copiii mici...

Fă-mă aliatul tău. Nu gândi că trebuie să mă „determini să fac“ ceva. Nu mă păcăli, nu mă mitui, nu mă face de rușine și nu mă pedepsi. Ideea de tu-împotriva-mea este înspăimântătoare atunci când am o nevoie disperată ca tu să fii de partea mea.

Așa că te rog să-mi spui politicos sau să-mi arăți ce vrei. Și oprește-mă cu blândețe (dar ferm) să mai fac lucruri pe care nu vrei să le fac – și asta cu mult înainte de a te enerva. Atitudinea ta calmă și opțiunile pozitive pe care mi le oferi („Văd că te joci, deci ce preferi, să-ți schimb scutecul acum sau după ce te mai joci încă 5 minute?“) mă vor ajuta să-ți accept indicațiile cu mai multă bunăvoință.

Nu te teme de reacțiile mele la limite. Este supărător pentru mine când ești lipsit de încredere, nesigur sau șovăielnic. Cum aș putea eu să mă simt vreodată în siguranță dacă oamenii pe care am o nevoie disperată să mă bazez ezită sau evită să se confrunte cu emoțiile mele?

Așa că pune puncte la sfârșitul propozițiilor pe care mi le spui și apoi acceptă cu calm nemulțumirea mea. Nici nu știi cât de bine-venite sunt indicațiile tale! Ele nu-mi rănesc spiritul fragil. Ele mă eliberează, mă ajută enorm și au o contribuție hotărâtoare la fericirea mea.

Spune-mi adevărul în termeni simpli, ca să-mi pot da seama exact ce vrei. S-ar putea să am nevoie să-mi amintești de mai multe ori pe măsură ce învăț, așa că te rog să ai răbdare și să încerci să menții un ton calm, chiar dacă mi-ai mai spus o dată. (Serios, nu vreau să fiu enervant.)

Nu te supăra sau enerva dacă te poți abține. Astfel de reacții nu mă fac să mă simt în siguranță. Am nevoie să știu că purtarea mea nu te afectează, că poţi să faci faţă problemelor mele cu grijă şi încredere. Dacă nu tu, atunci cine?

Dacă mă comport aşa în mod repetat, asta înseamnă că nu simt că s-a rezolvat problema. Fie nu eşti suficient de convingător, fie eşti prea înfierbântat şi afectat din punct de vedere emoţional. Când îmi arunci „privirea aceea" sau simt furie în vocea ta când îmi spui „Nu lovi!", asta mă demobilizează şi mă determină să mă comport în continuare la fel, până când îmi vei putea oferi o reacţie mai calmă.

Am nevoie să ştiu că asemenea comportamente nu sunt permise, dar am nevoie şi să fiu asigurat în mod constant că ele nu sunt mare lucru la urma urmei şi că le poţi face faţă cu uşurinţă. Îmi vei arăta acest lucru având răbdare, fiind calm, consecvent şi oferindu-mi răspunsuri concise, directe şi pline de respect, pentru ca amândoi să ne putem detaşa şi să trecem mai departe ştiind că relaţia noastră este încă trainică.

Ia în considerare punctul meu de vedere şi acceptă-l pe cât posibil... chiar dacă pare ridicol sau greşit. Nu există dorinţe sau emoţii greşite, doar moduri greşite de a acţiona sub influenţa lor, corect? Am nevoie să ştiu că este în regulă să am aceste emoţii şi că tu vei înţelege şi mă vei iubi în continuare. Lasă-mă să simt.

Nu uita că nu vreau să fiu eu şeful, deşi un copil mic n-ar recunoaşte niciodată acest lucru. Sunt convingător. Te pot face să crezi că simpla ta rugăminte să stau jos în timp ce mănânc este o adevărată tortură pentru mine. Nu mă lua în râs şi nu mă certa, dar nici nu mă crede. Continuă să insişti – cu dragoste. Voinţa mea puternică te va face mândru într-o zi. Când te dai bătut tot timpul, mă simt mai puţin puternic şi mult mai şovăielnic.

Oferă-mi mult timp de calitate alături de tine, în care să mă bucur de întreaga ta atenţie şi de aprecierea ta faţă de toate lucrurile bune pe care le fac. Cu toţii avem nevoie de echilibru.

Lasă-mă pe mine să rezolv problemele. Dacă dorinţele tale sunt opuse faţă de ale mele, consideră-mă capabil să te ajut să găsim o soluţie, mai ales pe măsură ce cresc.

Îţi mulţumesc pentru că faci toate aceste lucruri foarte, foarte, foarte grele ca să mă ajuţi să fiu genul de copil care este plăcut de prieteni, bine-venit în casele părinţilor lor, apreciat de profesori şi, mai presus de toate, se numără printre persoanele tale preferate din toată lumea, alături de care ai vrea să fii... pentru totdeauna.

25

Metode de educare a copilului mic care funcționează

Secretul creșterii copiilor în așa fel încât să se conformeze în general regulilor și îndrumării noastre are o foarte mică legătură cu anumite strategii sau jocuri de cuvinte precum „Nu-ți permit" versus „Nu lovi".

Ceea ce contează cel mai mult – și ceea ce favorizează sau înfrânează în esență îndrumarea încununată de succes – este felul în care ne percepem copiii și atitudinea noastră față de limite și față de educare în ansamblu. Vestea bună este că odată ce aceste percepții sunt corecte, indiferent cât de multe greșeli vom face, aproape niciodată nu vom face vreun lucru cu adevărat rău.

Tratează-i ca pe niște persoane. Acum douăzeci de ani am fost invitată să particip la sesiunea introductivă a unui seminar condus de Mary Hartzell, o autoare foarte respectată și directoare de grădiniță. Nu-mi amintesc prea multe despre prelegerea lui Mary în afară de faptul că am fost de acord cu abordarea ei. Ceea ce-mi amintesc foarte clar este că, atunci când a venit momentul întrebărilor din public, s-a revărsat un potop de întrebări arzătoare și toate începeau așa: „Cum îmi fac copilul să..."

Părinții voiau să-i *facă* pe copiii lor mici să se spele pe dinți, să-și adune jucăriile, să învețe să meargă la toaletă sau să plece din parc. Voiau să-i *facă* să nu mai lovească, sau să nu mai împingă, să nu mai muște, să nu mai scuipe etc. Era limpede din tonul întrebărilor, mai ales din folosirea repetată a cuvântului „a face", că mulți erau pe calea greșită. Abordau aceste probleme cu o atitudine de genul „noi și ei", în loc să aibă o mentalitate a lucrului în echipă. Căutau remedii rapide, șmecherii și tactici de manipulare, în loc să lucreze ca de la persoană la persoană și să construiască genul de relație bazată pe încredere și pe respect reciproc care face educarea copiilor (și orice alt aspect al misiunii de părinte) mult mai simplă și mai plină de satisfacții.

Desigur, mă îndoiesc că mi-aș fi dat seama de acest lucru dacă nu aș fi terminat cu puțin timp înainte cursul cu specialista în îngrijirea copiilor mici Magda Gerber.

La câteva zile după prelegere, m-am întâlnit din întâmplare cu amicul care mă invitase și i-am mulțumit. El a început să peroreze: „Mary este minunată. Ne-a ajutat foarte mult. Lucrul cu adevărat uimitor este că ne-a învățat să *vorbim* cu copilul nostru de 3 ani despre așteptările noastre exact așa cum aș vorbi cu tine... exact așa cum aș vorbi cu oricare altă persoană".

„Sună nemaipomenit!" am răspuns eu. „Magda Gerber ne învață să facem asta cu bebelușii." Amicul meu a rămas interzis și avea o expresie nedumerită, de parcă nu m-ar fi auzit bine. M-a întrebat: „Serios?" și i-am citit plictiseala în privire. Apoi am schimbat amândoi subiectul. Nu părea momentul potrivit să încerc să-i explic.

Bebeluşii sunt persoane conştiente, lucide, încă din momentul în care se nasc; sunt pregătiţi să înceapă o relaţie sinceră, de comunicare cu noi. Dacă noi le oferim o relaţie bazată pe respect, copiii de toate vârstele sunt mult mai dispuşi să asculte şi să coopereze.

Pe de altă parte, încercarea de a-i *face* pe oamenii din viaţa noastră să se poarte aşa cum vrem noi să se poarte nu funcţionează decât în rare cazuri mai mult de o dată sau de două ori; în plus, ea nu ne ajută să ne placă unora de ceilalţi şi nici nu ne învaţă nimic (decât, poate, să nu avem încredere).

Cheia către educare este să ne prezentăm în faţa copiilor ca un lider blând care îndrumă, arată, demonstrează, instruieşte şi-i ajută pe copiii noştri să se comporte adecvat.

Redefineşte noţiunea de timp de calitate. Din punctul meu de vedere, părinţii trebuie să poarte două pălării: un coif de petrecere şi o pălărie de specialist. Când purtăm coiful de petrecere, ne bucurăm de prezenţa copiilor noştri, ne simţim conectaţi, afectuoşi şi plăcuţi. Este uşor să considerăm aceste momente ca fiind timp de calitate.

Să purtăm pălăria de specialist nu este prea distractiv, dar nu trebuie să fie nici îngrozitor. Îi implor pe părinţii cu care lucrez să-şi reimagineze timpul de calitate incluzând acele momente în care facem faţă cu calm, dar şi cu fermitate, împotrivirii copilului nostru faţă de ritualul de culcare; în care nu-i permitem bebeluşului să lovească un câine; sau în care-i îndepărtăm cu răbdare pe copiii noştri din situaţii în care şi-au pierdut cu totul controlul, ca să se poată linişti în siguranţă, în prezenţa noastră.

Pierderea controlului și stabilirea limitelor = timp de calitate? Poftim?! Știu că sună paradoxal, dar sunt convinsă că din punctul de vedere al copiilor noștri este adevărat.

Momentele în care trebuie să purtăm pălăria de specialist reprezintă, poate, cel mai preţios gen de timp de calitate, deoarece copiii au nevoie de noi ca lideri empatici chiar mai mult decât au nevoie de noi ca parteneri de joacă sau ca susţinători înfocaţi. Cred cu adevărat că ei înţeleg cât de greu ne este să purtăm această pălărie cu eleganţă, așa că ne testează limitele ca să vadă dacă n-o pot da jos (pălăria, vreau să zic).

Acceptarea fără reţineri a ideii că acest timp ca specialiști reprezintă tot un timp de calitate este esenţială mai ales pentru părinţii care lucrează, sau pentru cei cu mai mulţi copii, sau pentru părinţii care (dintr-un motiv sau altul) nu au atâta timp la dispoziţie cu copiii pe cât și-ar dori, fie în mod obișnuit, fie doar în acea zi anume.

Desigur, cu toţii am prefera să petrecem plini de veselie puţinul timp pe care-l avem împreună, dar de multe ori copiii noștri nu au nevoie de acest tip de energie din partea noastră. Ei simt nevoia să se poată lamenta, să se împotrivească, să bată din picior, să plângă și să-și exprime emoţiile mai puţin pozitive având siguranţa că au parte de acceptarea și de confirmarea noastră. Au nevoie să știe că au un lider care-i va ajuta să se conformeze regulilor și limitelor în ciuda împotrivirii lor și care nu se va lăsa intimidat de această împotrivire și de nemulţumirea lor.

Au nevoie de părinţi care să poată fi lideri capabili (atât de capabili, încât să facem totul să pară, de fapt, simplu), nu doar o sursă de distracţie, oameni despre care să simtă că sunt, în cel mai profund sens, preocupaţi de binele lor, de sănătatea și de formarea caracterului lor.

Una dintre aspiraţiile mele cele mai mari ca educator este să produc o schimbare în ceea ce priveşte percepţia noastră asupra disciplinei, restricţiilor şi limitelor - să ajut la transformarea acestor termeni din negativi în pozitivi. Restricţiile şi disciplina, atunci când sunt oferite în lipsa pedepselor şi în contextul empatiei şi al respectului, sunt nişte daruri de care ar trebui să fim mândri şi reprezintă una dintre cele mai desăvârşite forme de iubire.

Sunt convinsă că părinţii şi copiii, odată ce vor înţelege acest lucru, vor avea mult mai puţine dificultăţi şi se vor bucura mult mai mult unii de prezenţa celorlalţi.

26

Lasă-ţi copiii să fie supăraţi pe tine

Întotdeauna scriu din perspectiva experienţei mele profesionale, deşi rareori sunt eu protagonista. Povestea care urmează este foarte personală şi, sincer, mi se pare un pic riscant s-o destăinui, dar este importantă, aşa că îmi asum riscul...

Am avut o mamă perfectă. Ne adoram una pe cealaltă şi am avut o relaţie minunată până s-a stins din viaţă, acum patru ani şi jumătate. Îi plăcea la nebunie să râdă şi să-i facă şi pe ceilalţi să râdă şi toţi cei care o cunoşteau erau fermecaţi de compania ei – în special copiii şi nepoţii ei. Oferea tot timpul şi fără ezitare dragoste şi sprijin. Întotdeauna simţeam că este de partea mea şi că este susţinătorul meu numărul unu.

Mama mea avea un singur defect major: vorbea la telefon. Cum putea să ne ignore timp de zece sau cincisprezece minute întregi? Ah, şi din când în când mergea la baie şi închidea uşa după ea (cât tupeu!). Altminteri, mama mea era absolut şi incredibil de perfectă, şi întotdeauna, dar întotdeauna, voi fi de această părere.

Cât despre mine, îmi amintesc că am avut o copilărie în general fericită, deşi a fost limpede încă din primii ani că-mi lipsea încrederea în mine. Deşi din exterior părea să am multe atuuri, nu-mi amintesc să mă fi simţit vreodată cu adevărat confortabil în propria mea piele, aşa cum se simt, în mod evident, copiii cu care lucrez şi propriii mei copii.

Nesiguranţa mea a prins cu adevărat rădăcini spre sfârşitul adolescenţei, atunci când am început să cunosc succesul în cariera mea de actriţă. Făcea parte din îndatoririle mele să arăt tot timpul veselă şi „prezentă" la toate petrecerile, la evenimentele de publicitate şi pe platourile de filmare, lucruri pe care reuşeam să le duc la îndeplinire relativ elegant. Totuşi, în adâncul sufletului meu, simţeam că mor. Asta era în anii '80, aşa că, desigur, beam şi mă drogam şi eu, ceea ce mă ajuta să capăt ceva falsă încredere şi o relaxare de care nu mai avusesem niciodată parte cu adevărat până atunci.

Am să trec mai repede peste detalii, dar e important să menţionez că la 25 de ani eram o bombă cu ceas din punct de vedere emoţional. Când în sfârşit am lăsat-o mai uşor suficient de mult cât să-mi analizez situaţia şi să-mi înfrunt demonii, am fost năpădită de sentimentele pe care le evitasem şi le ascunsesem atâţia ani. Nu eram pregătită pentru anxietatea care a urmat şi mai ales pentru ura de sine şi depresie, ca să nu mai zic de atacurile de panică. Eram o epavă şi, multă vreme, am plâns de dimineaţa până seara. Am vărsat râuri de lacrimi... şi cred că, de fapt, asta m-a ajutat să mă vindec.

După câţiva ani în care am lucrat foarte intens cu mine însămi, am început încetul cu încetul procesul de autoiertare şi acceptare.

Dar ce era atât de în neregulă cu mine?

Toată această experienţă mi se pare cu atât mai bizară acum, când am o fiică de 21 de ani care nu seamănă câtuşi de puţin cu mine la vârsta ei. Ca şi ceilalţi copii ai mei, este cu picioarele pe pământ, hotărâtă, capabilă şi încrezătoare în sine.

Deci, din nou, ce era în neregulă cu mine?

Am primit un indiciu după câţiva ani, și asta mă face să revin la mama mea. Până atunci aveam deja o căsnicie fericită și doi copii. Într-o bună zi, în conversaţia zilnică la telefon cu mama, ea a făcut un comentariu (în glumă, sunt sigură), la care eu am obiectat un pic. Circula o glumă veche la mine în familie, cum că aş fi fost total neajutorată în bucătărie. Cu siguranţă, gluma se baza pe realitate, fusese adevărată cea mai mare parte din viaţa mea şi mă amuzam la ea întotdeauna.

Dar de când devenisem mamă mă schimbasem mult. Devenisem persoana responsabilă care trebuia să fiu. Învăţasem cum să gătesc pentru mine şi pentru familia mea. Nu mai simţeam că merit eticheta de „jalnică-în-bucătărie".

Așa că, deși sunt sigură că nici măcar nu am ridicat tonul (pentru că nu ridicasem niciodată tonul în faţa mamei mele, de când mă ştiam), m-am simţit rănită şi am adoptat o atitudine un pic defensivă. Am obiectat la comentariul ei.

Mi-a închis telefonul în nas. Am sunat-o din nou, dar n-a răspuns. Am încercat iar... și iar. I-am lăsat mesaje, însă n-a vrut să vorbească cu mine. A durat cinci zile, iar pe parcursul acelor cinci zile anxietatea mea a fost la cote maxime. Nu puteam să respir. Eram într-o continuă stare de panică. Și, în mod bizar, în adâncul sufletului meu, *cunoşteam* această senzaţie... îmi era familiară. Nu-mi amintesc când sau cum, ştiam că mai simţisem această spaimă şi înainte.

În cele din urmă, mama mi-a răspuns la telefon... și nici una dintre noi n-a mai adus vreodată vorba despre ce se întâmplase. Eram așa de recunoscătoare și de ușurată că pot respira din nou, încât nici nu mi-ar fi trecut prin cap să spun ceva care s-o îndepărteze pe mama de mine.

Draga mea mamă nu mă lovise niciodată, nu mă pedepsise niciodată și nu țipase la mine niciodată. Dar în mod evident nu putea face față emoțiilor mele. Rezultatul era că simțeam în mod instinctiv că e greșit să le am și mă simțeam vinovată din cauza asta.

Așa că am făcut eforturi deosebite să accept toate emoțiile copiilor mei, în special furia lor... să le dau de înțeles că oricând este în regulă să fie supărați pe mine. Nu plec nicăieri.

Nu sunt nici pe departe perfectă, dar vestea bună este că, atunci când avem de-a face cu copiii, primim puncte în plus pentru că ne dăm silința, în special dacă ne confruntăm și ne reparăm greșelile. „Îmi pare rău că mi-am pierdut răbdarea."

Suntem oameni, iar copiii noștri sunt incredibil de îngăduitori.

27

Un dar de care uităm uşor

„Ah, mamă, pur şi simplu priveşte-mă preţ de un minut ca şi cum m-ai vedea cu adevărat."

– THORNTON WILDER, *Oraşul nostru*

Ştiu darul pe care şi-l doresc cel mai mult toţi copiii – cu toţii ni-l dorim –, dar este unul de care ne amintim cu greu. Mie mi s-a întâmplat să-l uit zile întregi, chiar săptămâni întregi la rând. Uneori e nevoie de o situaţie disperată ca să mi-l amintesc.

Acum câţiva ani, fetiţa mea independentă, în vârstă de zece ani, a trecut printr-o fază în care nu vedea rostul băii. Zilele treceau. Găsea pretexte. O lăsam în pace pe moment, apoi uitam cu totul de asta. În cele din urmă, a venit momentul în care ştiam că trebuie s-o împing de la spate, dar încă ezitam să-i cer acest lucru. Baia ar trebui aşteptată cu nerăbdare, ca o experienţă plăcută, nu să inspire groază şi furie.

Din fericire pentru mine, Zâna cea Bună a Părinţilor mi-a şoptit cuvintele magice ale Magdei Gerber – „acordă atenţie" – şi mi-a amintit de consideraţiile ei în legătură cu „îngrijirea" bebeluşilor.

Magda îi îndemna pe părinţi să le acorde întreaga lor atenţie bebeluşilor în timp ce-i hrănesc, le schimbă scutecele, le fac baie sau îi culcă. În loc să tratăm aceste activităţi ca pe nişte corvezi nesuferite şi să ne grăbim să scăpăm de ele, Magda ne-a învăţat să ne bucurăm de aceste momente intime împreună încetinind ritmul şi implicând bebeluşul în fiecare etapă.

Atunci când facem aceste activităţi *împreună cu* bebeluşul, în loc să *i le facem*, cultivăm o relaţie bazată pe respect şi încredere. Perioadele zilnice de atenţie concentrată asupra lor le reîncarcă bateriile copiilor şi le oferă hrana sufletească de care au nevoie ca să petreacă un timp jucându-se independent.

Atunci când bebeluşii noştri cresc, ocaziile în care să le oferim grija noastră nu mai sunt la fel de clar conturate. Câteva ar putea fi: să le scoatem o aşchie din deget, să fardăm o fiică invitată la o petrecere sau să stăm în pat, înainte de culcare, cu un fiu care se plânge de un coleg de joacă rău. Chiar dacă fiica mea era perfect capabilă să facă baie singură, merita să încerc să văd dacă nu cumva are nevoie de atenţia mea. Aşa că am întrebat-o: „Vrei să-ţi spăl eu părul când faci baie?" „Mda... bine", mi-a răspuns ea docilă. Bingo!

Ce variantă ai prefera, să te afli în imediata apropiere a cuiva drag, dar care e ocupat toată ziua, sau să ai parte timp de câteva minute de întreaga atenţie a acelei persoane dragi?

Copiii noştri au nevoie de atenţie adevărată mai mult decât au nevoie de jocuri video, tablete şi excursii la Disneyland. Atenţia concentrată este liantul care menţine relaţiile strânse. Te rog să mă ierţi pentru sentimentalismul meu excesiv, dar *momentele simple de adevărată apropiere, indiferent dacă le petrecem fiind fericiţi sau trişti, înseamnă cel mai mult.*

Atunci, de ce ne este atât de greu să ne amintim?

Fiul meu nou-născut avea colici. Se trezea de mai multe ori pe noapte şi plângea o oră sau mai bine până reuşeam să-l adorm la loc. Eram extenuată. Iar cele două fiice ale mele reacţionau, la rândul lor, faţă de nou-venitul în familie.

Cea de patru ani trecea prin schimbările de dispoziţie previzibile: acum îşi adora fratele, iar pe mine mă susţinea, peste un minut se văicărea şi plângea. Era evident că suferă după viaţa ei de dinainte – viaţa fără un bebeluş care să-i consume mamei ei cea mai mare parte din timp şi din energie.

Cea de nouă ani era pur şi simplu un înger, ceea ce, dacă i-aş fi acordat atenţie, ar fi trebuit să fie un semnal uriaş de alarmă. Nu-mi cerea nimic, se ferea din calea mea şi de vigilenţa mea. Mă gândeam, îmbătându-mă cu apă rece: „E destul de mare să înţeleagă situaţia. E în regulă". Eu şi soţul meu primiserăm o apreciere foarte favorabilă despre ea la o şedinţă cu părinţii care avusese loc înainte de-a se naşte bebeluşul. A fost întotdeauna o elevă excelentă, dar nu ne-a scutit de momente dificile acasă. Copiii au tendinţa să le rezerve celor mai apropiate persoane (şi alături de care se simt cel mai în siguranţă) contraprivilegiul celui mai urât comportament al lor.

La câteva săptămâni după naşterea bebeluşului, am primit un telefon de la învăţătoarea fetiţei de nouă ani. Fiica noastră începuse să se poarte urât la şcoală. Îi răspunsese obraznic asistentului didactic şi scosese limba. Era ceva total neobişnuit pentru ea să aibă un comportament indisciplinat la şcoală. Am simţit că mi se strânge inima. Mi-am dat seama că fiica mea cea mare probabil simte că nu este

„în siguranță" să-și manifeste emoțiile în prezența mamei ei copleșite deja de griji. Așa că, în schimb, pentru prima dată în viața ei, își arăta cea mai rea față lumii exterioare.

În ziua aceea, după școală, am rămas cu ea în mașină și am stat de vorbă. Am întrebat-o despre ceea ce simte și am implorat-o să-și exprime furia, tristețea, senzația de abandon, toate gândurile pe care probabil simțise nevoia să mi le ascundă. I-am sugerat sentimente pe care ar putea să le aibă și i-am explicat că este de așteptat și firesc să le aibă. N-a putut să-mi răspundă, doar mi-a zis o dată sau de două ori, încet, „Nu știu".

Așteptam cu disperare să-mi răspundă. Îmi dăduseră și lacrimile, ea nu spunea nimic. Acest dialog purtat într-un singur sens a durat treizeci sau patruzeci de minute, dar mi s-a părut că trecuseră ore întregi. Simțeam că nu mai rezist. Tocmai când voiam să mă dau bătută și să mă întorc cu ea acasă, fiica mea, care în mod obișnuit era puternică și hotărâtă, mi-a spus cu o voce stinsă, plină de durere: „Acordă-mi atenție".

De atunci înainte am făcut eforturi susținute să-i dau fiicei mele de înțeles că pot face față oricărei manifestări pe care ar putea s-o aibă față de mine. Mi-am rezervat câte o părticică de timp în fiecare zi doar pentru ea. Când și-a dat seama că nu sunt prea copleșită de griji ca să fiu alături de ea și la bine, și la rău, comportamentul ei de la școală a revenit la normal. I-am fost recunoscătoare învățătoarei (care, interesant, a fost întotdeauna preferata fiicei mele) pentru că ne-a tras imediat semnalul de alarmă când a observat o schimbare la fiica noastră.

Privind în urmă, mă gândesc la acele vremuri în care copiii aveau nevoie de prezența mea de părinte – pentru probleme mari sau mici, importante sau neînsemnate, în situaţii care ne umpleau inima de bucurie sau de tristeţe – ca la cele mai preţioase momente din viaţa mea. Faptul că am acordat cu adevărat atenţie s-a dovedit întotdeauna a fi un dar şi pentru mine.

28

Cred că ştiu de ce ţipi

„Ca mamă, constat că devin una din două atunci când copiii mei sunt necăjiţi. Fie sunt Mary Poppins – bună, iubitoare, plină de răbdare –, fie sunt absolut intolerantă şi am tendinţa să ţip şi să urlu."

– O mamă îngrijorată

Dacă ţipi la copiii tăi, nu eşti singura. De fapt, propriile mele cercetări empirice sugerează faptul că ţipatul a devenit un fel de epidemie în rândul părinţilor. Unii îl numesc chiar „noul plesnit la fund", atât e de răspândit.

De ce-şi pierd cumpătul atâţia părinţi devotaţi, inteligenţi şi lucizi?

Senzaţia mea este că părinţii ajung deseori să ţipe pentru că de fapt ei au luat decizia *pozitivă* de a le stabili copiilor lor limite prin respect, nu prin pedepse şi manipulare. Aceşti părinţi se străduiesc din răsputeri să rămână calmi şi blânzi, dar cu toate acestea copiii lor continuă să-i provoace prin comportamentul lor. Devin din ce în ce mai frustraţi, chiar temători, simţind că au pierdut cu totul situaţia de sub control, fără a găsi vreo cale să-şi ţină în frâu copiii.

Şi nici nu e de mirare! Dacă aş încerca să asimilez toate sfaturile vagi şi contradictorii pe care le-am văzut şi le-am auzit despre disciplină, mi-aş ieşi şi eu din pepeni tot timpul. Multe dintre aceste idei teoretice sunt seducător de calde şi de blânde, dar vin la pachet cu o mulţime înspăimântătoare de *nu*-uri (nu pedepsi, nu recompensa, nu controla, nu-i trimite în camera lor, nu-i face să simtă pe propria piele consecinţele faptelor lor, nu folosi cuvântul „nu", nu te aştepta la supunere, nu fi autoritar etc.) şi cu foarte puţine instrumente practice.

Dacă ţi s-a întâmplat să ţipi la copilul tău, iată câteva consideraţii de luat în seamă:

1. Nu ai grijă de tine. O baie lungă şi caldă sau ieşirea în oraş cu prietenele sau cu soţul sunt idei bune oricând, dar eu ţi-aş sugera ceva cu adevărat esenţial: cunoaşte-ţi limitele şi nevoile personale şi stabileşte restricţii cu copilul tău încă de la început. Da, chiar şi cu bebeluşul tău.

De exemplu, în contextul unei relaţii bazate pe respect (ceea ce înseamnă să-ţi percepi bebeluşul ca pe o persoană în toată puterea cuvântului şi să comunici cu el ca atare), nu este nicio problemă dacă bebeluşul tău plânge câteva minute dimineaţa, timp în care tu te duci, ca de obicei, la baie. Îţi laşi bebeluşul într-un spaţiu sigur, îngrădit, îi spui că pleci şi întotdeauna îi validezi emoţiile atunci când te întorci.

Pentru că respecţi nevoia copilului tău de lucruri previzibile, ai transformat această activitate într-o parte componentă obişnuită a zilei pe care o petreceţi împreună şi bebeluşul începe să anticipeze că vei pleca şi te vei întoarce.

S-ar putea să mai vocifereze încă, ceea ce este dreptul lui să facă, dar tu îi comunici cu încredere că îl auzi şi că-i accepţi exprimarea nemulţumirii. „Nu voiai să plec. Asta te-a necăjit. M-am întors."

Dacă eşti o persoană care nu poate dormi profund cu bebeluşul în apropiere, totuşi dormi cu el pentru că asta crezi că ar trebui să faci, atunci *nu ai grijă de tine.*

Dacă vrei să-ţi înţarci bebeluşul sau să-ţi alăptezi mai rar copilul mai mare de un an, dar te simţi vinovată din cauza acestei dorinţe, atunci *nu ai grijă de tine.*

Dacă simţi nevoia să te duci la bucătărie şi să-ţi faci o ceaşcă de cafea, dar ţi-e teamă să-ţi laşi singur bebeluşul supărat sau copilaşul care ţipă, atunci *nu ai grijă de tine.*

De fapt, dacă te simţi vinovată pentru orice moment în care te ocupi de tine, atunci înseamnă că *probabil nu ai grijă de tine.*

Cu toţii renunţăm la o bună parte din vieţile noastre ca să avem grijă de copiii noştri, dar nu este sănătos pentru noi (şi este chiar şi mai puţin sănătos pentru copiii noştri) să devenim nişte părinţi fără personalitate, care-şi neglijează propriile nevoi şi practic se autoelimină din relaţie. Avem nevoie de restricţii personale, iar copiii noştri au nevoie ca noi să le aplicăm. Asta înseamnă să ai o relaţie sinceră, autentică, bazată pe respect, care va face stabilirea limitelor de la anii copilăriei timpurii până la cei ai adolescenţei clară şi simplă. (Observă că nu am spus „uşoară" - pentru că nu este aproape niciodată uşor.)

Realitate din viaţa părinţilor: bebeluşii şi copiii noştri mici nu ne vor da voie niciodată să ne ocupăm de nevoile noastre. „Haide, ia o mică pauză, mamă, o meriţi!" - asta nu vom auzi niciodată, nici nu ni se va da de înţeles din comportamentul copiilor noştri mici, nici măcar de Ziua Mamei. Dimpotrivă, de fapt. Aceste restricţii trebuie să vină de la *noi*, iar copiii noştri îşi vor face treaba lor obiectând, revoltându-se, emiţând pretenţii peste pretenţii şi continuând să ne testeze limitele până când acestea vor fi fixate cu fermitate şi consecvenţă.

2. Ţi-ai petrecut primul an de viaţă al bebeluşului tău distrăgându-i atenţia, potolindu-l sau manipulându-l altcumva, în loc să-i vorbeşti sincer despre limite. Sunt dezamăgită să-i aud pe unii dintre susţinătorii educării nonpunitive pe care-i admir făcând afirmaţii precum următoarea: „Vestea proastă este că, de cele mai multe ori, bebeluşii vor tot ce văd. Vestea bună este că, în general, în primul an de viaţă li se poate distrage uşor atenţia".

Bebeluşul tău este o persoană în toată puterea cuvântului, pregătită să se implice activ şi sincer într-o relaţie cu tine încă de la naştere. Când îi distragi atenţia, practici *eschiva* - refuzi o legătură sinceră ca să eviţi emoţiile sănătoase de împotrivire ale copilului tău.

Tiparul pe care-l generează acest lucru în relaţia voastră va face ca mai târziu să-ţi fie mult mai greu să impui limite. Acest prim an esenţial în formarea copilului este un moment foarte potrivit pentru impunerea limitelor cu sinceritate, deoarece acum stabilim ceea ce va constitui întotdeauna nucleul relației noastre părinte-copil.

3. Te simți responsabilă pentru emoțiile copiilor tăi. Iată principalele motive pentru care părinții neglijează să stabilească restricții personale cu copiii lor sau folosesc tehnici de manipulare precum distragerea atenției (toate conducând deseori către țipete):

a) Ei nu consideră că un bebeluș este cu adevărat o persoană în toată puterea cuvântului, care poate să înțeleagă cuvinte și să interacționeze sincer.

b) Nu se pot împăca cu senzația de disconfort provocată de emoțiile copilului lor.

c) Consideră că toate momentele în care copiii plâng sunt situații de evitat sau de remediat, situații de „comunicare monotonă", nu un dialog nuanțat.

d) Se lasă purtați de valul dezamăgirii, al tristeții, al furiei etc. trăite de copilul lor, în loc să fie o ancoră, conștienți de faptul că este esențial pentru sănătatea emoțională a copiilor să se exprime.

Această percepție nesănătoasă asupra copiilor și a emoțiilor lor împiedică dezvoltarea rezistenței emoționale, creează nevoia de impunere a și mai multor limite în anii copilăriei timpurii și te va epuiza de fiecare dată când trebui să spui „nu" sau să insiști asupra unui aspect (ceea ce se va întâmpla deseori).

Anii copilăriei timpurii, în special, sunt o perioadă de forțare a limitelor, de împotrivire. Copilul tău *are nevoie* să se comporte așa pentru a se putea individualiza într-o manieră sănătoasă. Dacă suferi sau te simți responsabilă pentru caruselul emoțional prin care trece zilnic copilul tău, vei fi reticentă în fixarea unor limite sincere, vei obosi și probabil vei ajunge să ţipi... sau să plângi, ceea ce nu este sănătos nici pentru copiii tăi.

Repetă după mine: *Odată ce am asigurat nevoile de bază ale copilului meu, singura mea responsabilitate în privința emoțiilor este să le accept și să le validez.*

4. Așteptările tale nu sunt rezonabile. S-ar putea să ţipi şi pentru că aştepţi imposibilul. Copiii sunt exploratori. Au nevoie de locuri sigure în care să se poată mişca în voie, să experimenteze, să investigheze. Dacă-i spui unui copil mic să nu alerge, să nu sară sau să nu se caţăre este ca şi cum i-ai spune „nu respira".

Creaţi şi găsiţi locuri sigure în care să se joace copiii voştri. Nu le puneţi la dispoziţie materiale sau echipamente pe care nu le pot folosi așa cum și-ar dori, pentru că astfel vă expuneţi frustrării și furiei copiilor.

Depinde de noi să evităm situaţiile care ne vor pune răbdarea la încercare, în loc să ne chinuim întruna să menţinem pacea şi s-o facem să dureze.

5. Nu te-ai lămurit cum să stabilești limitele cu blândeţe şi cu respect. Bun venit în club. Unul dintre capitolele anterioare din cartea de faţă, „Nu există copii răi – despre educarea cu respect a copiilor mici, fără pedepse și rușine", cuprinde multe sugestii în acest sens.

6. Intri fără rost în conflicte pentru putere. Este nevoie de două persoane pentru a isca un conflict, așa că nu te implica. Tu nu eşti egalul copilului tău; eşti liderul lui capabil. Aşa că, în loc să iei la modul personal comportamentul care te scoate din minţi, dar care este perfect sănătos şi specific vârstei copilului tău, şi să ajungi la capătul răbdărilor şi să începi să ţipi:

a) Uită-te direct în ochii copilului tău şi formulează ferm o limită: „E timpul să te speli pe dinţi".

b) Oferă-i o alternativă simplă sau ocazia de a lua o decizie autonomă: „Dacă vii acum, vom avea timp pentru încă o carte".

c) Validează dezacordul pe care şi-l exprimă copilul tău (şi acceptă ca asemenea emoţii să continue atâta timp cât este nevoie, validându-le în continuare). „Ei, ştiu că te distrezi tare bine cu câinele şi că-ţi vine greu să te opreşti, dar e timpul. Ce păcat! Eşti foarte necăjit şi dezamăgit că a venit vremea pentru culcare. Ştiu cum e să simţi asta."

Chiar dacă este *complet* împotriva intuiţiei pentru cei mai mulţi dintre noi, un asemenea comportament funcţionează. Cu cât eşti mai dispus să accepţi emoţiile copilului tău, dar în acelaşi timp să aplici cu calm restricţiile, cu atât îi va fi şi lui mai uşor să renunţe la împotrivire şi să meargă mai departe. Cum ar putea continua copilul tău să se împotrivească, dacă tu nu faci decât să fii de acord cu el tot timpul? Acest „steag alb" al empatiei din partea părintelui va face să dispară în mod miraculos tensiunea amândurora.

d) Dacă totuşi, dintr-un motiv sau altul, copilul tău tot nu se conformează, fă pasul următor şi ia-l de mână (la propriu sau la figurat). „Ţi-e greu să mergi la baie ca să te speli pe dinţi, aşa că am să te ajut." Îl iei calm de mână şi apoi poţi să adaugi: „Mulţumesc că mi-ai arătat că aveai nevoie de ajutor".

Apropo, exact asta și făcea copilul. Și, odată ce ți-ai dat seama că *tot* comportamentul îndărătnic, impulsiv și enervant al copilului tău este, de fapt, doar modul lui stângaci de a-ți cere ajutorul, probabil că ți se va părea mai ușor să nu mai țipi din cauza asta.

29

Niciodată nu e prea târziu pentru parentingul bazat pe respect

Pentru că majoritatea sfaturilor pe care le ofer se concentrează în jurul bebelușilor, copiilor mici și preșcolarilor, părinții care au copii mai mari mă întreabă adesea: „Este prea târziu?"

Răspunsul meu este, fără nicio ezitare: „Niciodată".

Următoarea întrebare este: „Grozav, atunci de unde încep?"

La asta răspund împărtășind câteva dintre modurile în care abordarea bazată pe blândețe și respect a Magdei Gerber (RIE) a continuat să-mi influențeze stilul de parenting față de propriii mei copii, acum în vârstă de 21, 17 și 12 ani.

Să ne menținem credința în competența copiilor noștri. Principiul de bază al RIE este să avem o încredere fundamentală în competența bebelușilor. Credința în copiii noștri ca persoane în toată puterea cuvântului și capabile este o așteptare care tinde să se transforme în realitate și care ajută la cultivarea unei extraordinare încrederi în propriile forțe și a celei mai sănătoase dinamici părinte-copil pe care ne-o putem imagina.

Atunci când începem să-i tratăm cu încredere, copiii noștri au ocazii să ne *arate* că sunt capabili să se descurce cu provocările vieții precum mersul, vorbitul, cățăratul, modul în care funcționează jucăriile, mersul la toaletă, cititul, relațiile, temele, mai târziu admiterea la facultate etc. Prin aceste strădanii și realizări autonome, încrederea noastră în capacitățile lor crește odată cu încrederea lor în propriile forțe.

Dimpotrivă, dacă nu-i credem cu adevărat pe copiii noștri capabili să facă față unor sarcini specifice vârstei fără ajutorul nostru, sau dacă ne facem griji că vor fi doborâți de frustrare, greșeli, dezamăgiri sau eșecuri, atunci am putea perpetua un ciclu al dependenței.

De exemplu, nevoia pe care par s-o simtă unii adolescenți de a fi împinși de la spate sau cicăliți să-și facă temele este de multe ori creată de părinții care chiar cred că ei *au nevoie* să fie cicăliți ca să le facă. Ca să punem capăt unui asemenea ciclu, este cazul să facem un pas înapoi și să nu mai intervenim, având încredere în copilul nostru că se va descurca în situațiile specifice vârstei și lăsând problema efectuării temelor să fie rezolvată acolo unde este normal – între copii și profesorii lor.

Să punem în practică această încredere fundamentală pe măsură ce cresc copiii înseamnă să intervenim cât de puțin putem.

a. Ori de câte ori copiii au alternative, să-i lăsăm *pe ei* să aleagă – să avem încredere în prioritățile individuale legate de învățare ale copiilor, în loc să le impunem pe ale noastre.
b. Să apreciem procesul de dezvoltare unic al fiecărui copil, în loc să ne concentrăm pe rezultate, realizări, etape atinse.

c. Să-i susţinem cu calm pe copii să depăşească frustrarea, dezamăgirea şi chiar eşecul, în aşa fel încât să-i facem să accepte aceste experienţe de viaţă dificile, dar sănătoase ca pe ceva normal.
d. Să lăsăm copiii să facă lucrurile în felul lor, chiar dacă noi credem că felul nostru e mai bun.

Să-i încurajăm să-şi urmeze vocea şi „procedurile" interioare. Dacă le permitem, copiii ne vor aminti de importanţa lui *acum* şi ne vor împărtăşi şi alte mesaje pozitive, precum: mai puţin înseamnă mai mult; calea simplă e cea mai bună; mai devreme nu înseamnă mai bine; viaţa nu este o întrecere; bucuria rezidă în călătorie, nu în destinaţia ei.

Dar, în loc să fie inspiraţi, mulţi părinţi cred în mod eronat că e de datoria lor să-şi ajute copiii să reuşească, aşa că îi stimulează, îi învaţă, îi înscriu la cursuri suplimentare în fiecare zi după şcoală şi le încarcă weekendurile cu activităţi şi evenimente antrenante. Aceşti părinţi s-ar putea să nu-şi dea seama că de fapt copiii învaţă mai mult atunci când fac mai puţine lucruri şi au timp să digere, să integreze şi să-şi asimileze experienţele.

> *„...Dar copilul nu vrea să ajungă nicăieri; el vrea doar să meargă, iar adultul, ca să-l ajute cu adevărat, trebuie să-l urmeze, nu să se aştepte ca el să ţină pasul."*
>
> – Maria Montessori,
> *Educaţie pentru o lume nouă*

Cum facem diferenţa între stimulare suficientă şi prea multă stimulare? Din nou, răspunsul va fi întotdeauna *încrederea*. Ca să creştem copii orientaţi către sine şi entuziaşti, trebuie să-i încurajăm să-şi asculte acea voce tăcută din interior, cea pe care doar ei o pot auzi şi pe care părinţii o pot acoperi uşor. Începeţi cu un mediu casnic care să le ofere multe posibilităţi şi lăsaţi-i pe copii să dea clar de înţeles dacă au nevoie de mai mult. Şi nu-i lăudaţi excesiv, astfel încât călătoriile şi realizările copiilor voştri să rămână în continuare o răsplată în sine.

Să acceptăm emoţiile copiilor fără să-i judecăm sau să-i grăbim. Să ne lăsăm copiii să-şi exprime emoţiile intense este una dintre cele mai mari provocări pentru noi, pentru că cei mai mulţi dintre noi nu am fost încurajaţi de părinţii noştri în acest sens. Poate ni s-a spus că izbucnirile noastre sunt prosteşti sau greşite, am fost îndemnaţi să ne grăbim şi să ne simţim mai bine. Uneori eram daţi afară (trimişi la noi în cameră) sau pedepsiţi. Emoţiile noastre îi făceau pe toţi să se simtă stânjeniţi şi primeam mesajul că nu sunt bine-venite.

Aşa că, atunci când copiii noştri plâng, ţipă sau se tăvălesc pe jos într-o criză de nervi, e posibil să ni se declanşeze emoţiile pe care le-am refulat cândva şi le transmitem fără să vrem această invalidare şi copiilor noştri.

(Şi, apropo, asta e singura mea explicaţie pentru popularitatea site-urilor de comedie care prezintă copii mici care plâng. Întocmai ca victimele abuzurilor care sunt tentate să iniţieze la rândul lor abuzuri, fanii acestor site-uri par să se simtă îmbătaţi de sentimentul de putere pe care-l au luând în râs vulnerabilitatea unor copilaşi.)

Felul în care minimalizează emoţiile cei mai mulţi dintre noi este mult mai subtil şi mai afectuos. Nu vrem să ne vedem niciodată copiii răniţi sau necăjiţi, aşa că încercăm să-i calmăm spunându-le: „Nu-i nimic“, „Ești bine“ sau „Nu e decât...“ Dar aceste răspunsuri invalidează în același timp, deoarece copiii care sunt necăjiți chiar nu se *simt* bine, și cuvintele noastre nu pot schimba asta. Răspunsurile noastre „liniștitoare“ sunt derutante, minimalizează emoțiile copiilor, îi învață să nu aibă încredere în propriile emoții și poate chiar să se teamă de ele.

Un lucru e sigur în viață: copiilor noștri li se va întâmpla să se simtă răniți. De multe ori. Vor fi respinși de prieteni, nu vor fi aleși în echipa de elită, vor pierde o dezbatere, vor lua o notă mică la un test și cineva le va frânge inima. Asta-i viața. Și vom avea nevoie de toată puterea noastră ca să ne punem fermoar la gură, să ne mușcăm limba, să ne mulțumim doar să-i ascultăm, să facem semn afirmativ din cap și să confirmăm: „A fost dureros“. Desigur, noi de fapt ne-am dori să strigăm: „Nu te-au meritat!“ sau „Te vei descurca mai bine data viitoare!“

Cel mai sănătos mesaj pe care-l pot primi copiii de la noi este că le vom asculta, accepta și înțelege cele mai posomorâte stări de spirit și cele mai necruțătoare emoții, chiar și atunci când aceste emoții sunt îndreptate către noi. Atât de simplu este să cultivăm o legătură strânsă cu copiii noștri, care să dureze toată viața.

30

Ce părinte aş fi putut fi

Ajunge să-ţi asculţi instinctele... Nu gândi prea mult şi nu complica prea tare lucrurile... Fiecare copil este diferit... Aud deseori aceste motive pentru care să nu alegi o abordare anume asupra parentingului, şi în general sunt de acord cu ele. Totuşi, îmi este greu să-mi imaginez cum i-aş fi crescut pe cei trei copii ai mei fără darul lucidităţii pe care l-am primit acum douăzeci de ani de la Magda Gerber.

Metodele RIE ale Magdei Gerber nu mi-au venit în mod natural, dar am simţit că sunt potrivite. Ea m-a ajutat să-mi limpezesc nelămuririle şi să mă concentrez pe ceea ce contează cel mai mult: *adevăratul* timp de calitate şi genul de experienţe pe care le câştigăm interacţionând cu bebeluşii noştri pe care să-i privim ca pe nişte persoane în toată puterea cuvântului, încă de la naştere.

Magda mi-a oferit instrumentele cu care să recunosc perspectivele unice ale fiecăruia dintre copiii mei, inspirându-mă să am încredere în dezvoltarea lor, dându-le posibilitatea să evolueze ca indivizi, fiecare cu o imagine de sine bine conturată. Lecţiile ei mi-au transformat complet percepţiile asupra bebeluşilor, copiilor, parentingului și asupra vieții înseși. Douăzeci de ani mai târziu, mi-a devenit imposibil să-mi imaginez ce părinte aș fi putut fi fără ele.

Îmi vine greu să-mi aduc aminte și cât de incomod, uneori chiar dureros era să învăț și să mă adaptez la noi moduri de a gândi și de a mă comporta – cum ar fi să-mi amintesc să încetinesc ritmul și să vorbesc cu un bebeluș, deși înțelepciunea convențională ne spune că el nu ne înțelege.

Din toate aceste motive și nu numai, am apreciat corespondența pe care am purtat-o cu Emilia Poprawa, din Polonia. Experiențele ei de învățare pe măsură ce aplică principiile *Educării cu blândețe* imaginate de Magda sunt ca o oglindă a propriei mele dezvoltări și poate a mii de alți părinți din întreaga lume.

Emilia a fost de acord să împărtășesc două dintre scrisorile ei. Prima îmi amintește de pasiunea pe care am simțit-o și eu ca proaspăt părinte, de „a face lucrurile cum trebuie“:

Dragă Janet,

Mă pasionează cu adevărat ceea ce învăț, dar mă simt și un pic copleșită. Poate că m-am trezit într-o stare de dezechilibru în care tot ce presupuneam înainte despre dezvoltarea copilului se năruie în mare măsură, lăsând loc unei noi paradigme să iasă la lumină. Cu siguranță că nu este ușor să ne schimbăm vechile obiceiuri cu niște reacții noi, mai eficiente și mai înțelegătoare.

Sub nicio formă nu este o sarcină ușoară să încetinim ritmul, să fim prezenți și delicați. Am încercat să cultiv principiile RIE în toate activitățile mele, dar uneori mă simt pur și simplu blocată în vechile obiceiuri (când sunt repezită, mă grăbesc și mă agit fără nicio noimă o zi întreagă). Mâinile mele, în loc să transmită un mesaj de calm, sensibilitate și răbdare, comunică neliniștea mea interioară, aiureala și graba mea... Cât a avut grijă de mine, mama a fost într-o continuă stare de neliniște. Era mereu repezită și niciodată prezentă cu adevărat. Gesturile îi erau aspre, iritate și lipsite de răbdare. Îi văd umbra în mine atunci când am grijă de fiul meu.

Trebuie să-mi amintesc întruna că schimbarea este de multe ori un proces dureros, și după cum a spus cândva maestrul zen Shunryu Suzuki, „În mintea începătorului sunt multe posibilități, dar în mintea expertului sunt puține". Așadar, cu inima și mintea deschise și pline de speranță, trag adânc aer în piept și încerc din nou să fiu mai prezentă și mai blândă.

Următoarea scrisoare a Emiliei este o confirmare a nepreţuitelor beneficii pe care le aduce filosofia Magdei. Îmi aduce şi mie aminte – nu de părintele care am fost, ci de cel care aş fi putut fi.

Janet,

A trecut aproape un an de când i-am urat bun-venit fiului meu în această lume. A trecut aproape un an de când i-am urat bun-venit abordării RIE în viața mea de părinte și de persoană care îngrijește un copil. E de prisos să mai spun că mă simt recunoscătoare și norocoasă că am găsit o cale verificată de a-mi crește fiul.

Formula verificată: dragoste miraculoasă + RIE = bebeluş cu încredere în sine.

Nu spun că totul este uşor şi superb tot timpul. Sunt multe hârtoape pe parcurs, dificultăţi, frustrări, ignoranţă, dar am constatat că întotdeauna îmi recapăt echilibrul, învăţ din greşeli şi merg mai departe. Dacă nu mi-ar fi ieşit în cale RIE, iată cum ar fi fost viaţa mea de părinte:

– Aş fi făcut tot ce-mi stă în putinţă să-mi opresc copilul din plâns, necunoscând importanţa şi rostul plânsului.

– I-aş fi distras sau redirecţionat atenţia sau aş fi folosit alte mijloace pentru a-mi feri copilul de a simţi orice fel de frustrare.

– Aş fi simţit că este obligaţia mea de părinte să-i ofer copilului meu distracţie non-stop şi să-l învăţ cum funcţionează lucrurile.

– L-aş fi rezemat ca să stea în şezut, l-aş fi ajutat să meargă, l-aş fi învăţat cum să se mişte.

– L-aş fi luat brusc în braţe, fără să-mi dea prin cap măcar să-i spun ce urmează să se întâmple.

– Aş fi cheltuit o groază de bani pe aşa-numite jucării educative.

– Mi-aş fi privit copilul ca pe o persoană mică şi neajutorată.

– M-aş fi grăbit cu activităţile de îngrijire, ca să scap de ele.

– Nu mi-aş fi văzut copilul ca pe o persoană cu iniţiativă şi ca pe un explorator competent, cu propria lui minte.

– Aş fi fost tot o mamă iubitoare şi devotată, dar una epuizată, sleită de puteri şi cu siguranţă nu atât de plină de respect.

Vă mulţumesc ţie şi tuturor celor care lucrează cu atâta perseverenţă pentru a promova abordarea Educării cu blândeţe. Ştiu că a schimbat în bine viaţa multor familii şi că a avut un impact uriaş asupra vieţii mele!

Cu drag,
Emilia

Mulţumiri

Lui Mike, curajosul meu soţ, redactor supertalentat, editor, părinte devotat şi atâtea altele. Această carte a fost ideea ta şi nu ar fi apărut fără entuziasmul, hotărârea şi atenţia ta.

Magdei Gerber, pentru că mi-ai transformat viaţa prin înţelepciunea şi spiritul tău. Şi copiilor Magdei, Mayo, Daisy şi Bence, pentru că aţi continuat să mă onoraţi cu sprijinul vostru extraordinar.

Lisei Sunbury (RegardingBaby.org), pentru că-mi eşti „cealaltă jumătate" online şi co-pionieră. Fără tine n-aş fi putut supravieţui tuturor încercărilor, necazurilor, triumfurilor şi cârcotelilor.

Consiliului de administraţie RIE, în special lui Carol Pinto, Polly Elam şi Ruth Money, pentru că m-aţi inspirat, mi-aţi fost mentori şi m-aţi sprijinit mereu necondiţionat.

Înţelepţilor şi pasionaţilor mei asociaţi RIE, pentru inspiraţia şi colaborarea pe care mi-aţi oferit-o.

Tuturor asociaţilor mei, colegilor bloggeri şi pasionaţilor de educaţia copiilor mici din lumea online. Vă mulţumesc pentru că m-aţi învăţat şi m-aţi încurajat. Vă sunt îndeosebi recunoscătoare, Deborah Stewart, de la *Teach Preschool*, Tom Hobson (*Teacher Tom*), Deborah McNelis, de la *Brain Insights*, Amanda Morgan, de la *Not Just Cute*, şi (din nou)

Lisa Sunbury, de la *Regarding Baby*, pentru că mi-aţi distribuit articolele când nimeni altcineva nu le distribuia.

Lui Charlotte, Madeline şi Ben, pentru că-mi faceţi inima să-mi tresalte de mândrie şi de recunoştinţă în fiecare zi. Aş fi onorată să cunosc oameni atât de minunaţi ca voi, darămite să vă mai fiu şi părinte. Vă mulţumesc pentru că mă învăţaţi ce este cu adevărat important în viaţă şi pentru că datorită vouă eu şi RIE suntem extraordinar de convingătoare.

Lecturi recomandate

Your Self-Confident Baby (Bebelușul tău sigur de sine), Magda Gerber, Allison Johnson. John Wiley & Sons, Inc. (1998)

Dear Parent – Caring for Infants with Respect (Dragă părinte – Îngrijirea cu respect a nou-născuților), Magda Gerber. Resources for Infant Educarers (2002)

Peaceful Babies – Contented Mothers (Bebeluși liniștiți – mame mulțumite), dr. Emmi Pikler. Medicine Press (1971)

Respecting Babies – A New Look at Magda Gerber's RIE Approach (Respectul față de bebeluși – o nouă viziune asupra abordării RIE a Magdei Gerber), Ruth Anne Hammond, M.A. Zero to Three (2009)

Education for A New World (Educație pentru o lume nouă), Maria Montessori. Kalakshetra Publications (1969)

Endangered Minds (Minți în pericol), Jane M. Healy, Touchstone (1990)

1,2,3... The Toddler Years (1,2,3... Anii copilăriei timpurii), Irene Van der Zande

Siblings Without Rivalry (Frați fără rivalități), Adele Faber & Elaine Mazlish, W.W. Norton & Co (2012)

How To Talk So Kids Will Listen & Listen So Kids Will Talk (Cum să vorbești ca să te asculte copiii & să asculți ca să-ți vorbească copiii), Adele Faber & Elaine Mazlish, Avon Books (1980)

Raising Your Spirited Child (Cum să-ți crești copilul plin de energie), Mary Sheedy Kurcinka, HarperCollins (2012)

The Whole-Brained Child (Copilul cu creierul deplin), Daniel J. Seigel, Tina Payne Bryson. Bantam Books (2012)

Becoming The Parent You Want to Be (Cum să devii părintele care-ţi doreşti să fii), Laura Davis & Janis Keyser, Broadway Books (1992)

Brain Rules For Babies (Regulile creierului pentru bebeluşi), John Medina, Pear Press (2014)

Calms – A Guide To Soothing Your Baby (Calms – un ghid de liniştire a bebeluşului), Carrie Contey PhD & Debby Takikawa, Amazon

Mind In The Making (Mintea în formare), Ellen Galinsky, HarperCollins (2010)

„How Babies Think“ („Cum gândesc bebeluşii“), Alison Gopnik. *Psychology* (July, 2010)

CUPRINS

Tipar: ARTPRINT
E-mail: office@artprint.ro
Tel.: 021 336 36 33